# 相信自己是夠好的媽媽

是犧牲，還是責任？是妥協，還是平衡？
放下對母愛的執著，恢復你的生命彈性，重新找回愛自己的方式

洪仲清——著

自序

# 為什麼媽媽特別容易迷失自我？

跟朋友談到「人」與「角色」要分開看待的議題，尤其是「媽媽」這個角色。「媽媽」角色中最傳統的形象，就是家庭照顧者，不管對象是孩子、公婆，或者病重的丈夫。

有朋友提到，成為家庭照顧者，是因為「愛」，至少剛開始是這樣。**「愛」本來是一種「情感」，一種「心甘情願」，可是到最後，常被當成是一種「責任」**。一旦成為責任，在現實生活中，就會接近「有功無賞，打破要賠」的狀態。

在社會上常有各種對母親形象的歌功頌德，學校教育也教我們要尊重母親。但回頭去看那些幾乎被遺忘的日常，其實會有不小的落差，因為人性是，如果平常就能輕易享受到某些服務，慢慢會變成習慣，但因為某些原因「服務中止」了，怒氣就來了！

而且有個很微妙的地方，是我們一般在社會上接受的服務，大致上不管是商家或消費者，大概會對於商家服務的時間與商品，有個基本概念。約略知道在哪個點之後，就可能是消費者要求太多了。

可是家庭照顧者提供的「服務」，常常沒有具體的工作時間與可量化的商品可以定義。家庭照顧者不是只要讓孩子順利長大，或老人家痊癒了，工作就告終了。**常常是永遠的責任制**，即使孩子長大回家，有事第一個常常還是找老媽，外宿或成年的子女打電話回家，如果是爸爸接起來，超過半數家庭的爸爸很快會說出，「等一下，我叫你媽來聽電話！」然後等媽媽講完電話，爸爸會再問媽媽，「孩子打回來是有什麼事？」

也就是，責任幾乎無期限，而且售後服務也要周全。還有，老人家的身體狀況，就是日漸衰敗，即便病癒，也要注重平時的保養，像是要帶老人家出去運動這類的大小事。以「媽媽」為主力的照顧者，心頭常常壓著重擔放不下來。

此外，家庭照顧者的「服務」，不是只有照顧好生理層面而已，連心理層面都被認為是照顧的範圍。例如照顧孩子，會希望孩子快樂；照顧老人家，自然被期待要討老人家歡心。

然後，表面上，是付出了自己的時間與精力。事實上，看不見的成本很高，包括經濟上的依賴，因此沒有安全感；擔心自己常年在家，沒有工作能力，沒有自信心；工作瑣碎、重複、被輕視，容易煩躁，又沒有成就感；如果沒有善盡照顧之責，還會有罪惡感，更可能承受親戚、街坊的指責與議論……

雖然不見得在檯面上明擺著提出來討論，但是在華人文化中常有個刻板印象是「女性很細心，也比較有愛心，很適合擔任照顧者」。所以，在家庭分工的時候，女性的選擇就被限制了，然後整個文化陶塑，女性得要藉著照顧他人的行為，來獲得肯定與自我價值感。

偏偏我曾遇到有些女性，講得直白一點是，就不適合當媽媽，但又當了媽媽。這其中有很多原因，社會壓力是很難被忽略的一環。刻板印象不能套在每個人身上，換個角度來說，也有男性很適合當照顧者，可是就傳統的家庭分工來說，男性如果沒工作待在家裡，也會承受一些異樣眼光。

很多時候，女性「自願」成為照顧者，裡面包含了許多先天設定。有些女性是在婚後才有機會清楚認知到，自己真的不適合這樣的角色，可是擺脫不掉，或者說，要付出相當大的代價才得以減少如此的角色扮演。

回到「媽媽」這個角色來說，她得要先減少自己大部分的閒暇時間，也要放棄某些經濟上的獲得，才能執行照顧者的日常工作。所以就職業婦女來說，家裡有事常要優先請假，甚至辭職，這也限制了女性的職涯發展與薪水高低。

（當然，也有媽媽完全不是這樣扮演，某些媽媽在時間安排、經濟運作上都以自我為中心，不過這是相對少數。）

不管我們涉入任何關係，都不能忘掉自己跟自己的關係，這是我們身為一個

「人」的基礎。關係需要投入資源經營，包括我們跟自己的關係，這個部分如果失落了，輕微的狀況，是角色扮演越來越沒動力，嚴重的話，身心健康都會出問題。

等到媽媽倒下了，大家都會受到影響。尤其媽媽幾乎是影響家庭氣氛最重要的人。

對媽媽來說，不能等到他人主動來重視這個困境，說不定根本等不到。我們得要先照顧好自己，這常要有許多溝通與爭取。就我所知，**當多重照顧者在家庭工作的時間越久，最後常出現的情況就是耗竭與無力，而這通常發生在女性身上**。

有些媽媽得要離開婚姻，才能喘口氣。說實在話，這種結果大部分人都不願意接受，不過總比累死又被人嫌棄，最後連自立的能力都沒了要好得多了！

這本書談「媽媽」的這個角色，在傳統意義中被歌頌得很偉大，但扮演媽媽的女性，在傳統社會又常常被剝奪人生的主導權，這是很明顯的矛盾。回到根源來看，傳統媽媽教養小女孩長大的時候，所傳遞的價值觀常有擺脫不去的父權意味。

因此，**現代女性在長大的過程中，對於傳統媽媽的失望與憤怒，以及心疼與不**

**捨，揪成了一股難解的情結**。也許，我們可以藉著「媽媽」這個角色為切入點，試著讓媽媽自由，有多元與彈性的扮演方式，一層一層地，釋放媽媽身後的女人，以及內心的女孩，還有多年的壓抑與桎梏。

再以親子關係為起點，探索人我關係，走向自我和解之路。

這本書裡面的改編故事，有不同的媽媽，各自活成了不同的模樣。有些可以學習，有些值得警惕，沒有標準答案，但也許能讓我們有些啟發，找到我們想要活成的樣子。

# 目次

## Chapter 2 關於女人

Chapter 3

## 關於女孩

你說你愛他，可是如果你不理解他的渴望，他的需要，你的困難，他就被愛的監獄囚禁住了。真愛容許你保留你的自由，也讓你所愛的人保有他的自由。……然而，很多人卻是如此，掠奪所愛的人的自由，直到他喪失自我。……目的是要滿足自己，利用所愛的人來幫助實現這個目的。這不是愛，這是毀滅。

——一行禪師

強烈的母愛不是對孩子恆久的佔有，而是一場得體的退出。母愛的第一個任務是和孩子親密，呵護孩子成長；第二個任務是和孩子分離，促進孩子獨立。母子一場，是生命中最深厚的緣份，深情只在這漸行漸遠中才趨於真實。若母親把順序做反了，就是在做一件反自然的事，既讓孩子童年貧瘠，又讓孩子的成年生活窒息。

——尹建莉

CHAPTER

1

# 關於媽媽

媽媽們都有個通病，只要你說了哪樣菜好吃，她們就頻繁地煮那道菜，直到你厭煩地埋怨了為止。其實她這輩子，就是在拼命把你覺得好的，給你，都給你，愛得不知所措了而已。

# 媽媽的情緒風險

處理家事，重要的是要耐煩，當家事推給媽媽處理，幾乎等於把煩躁也一併推給了媽媽。

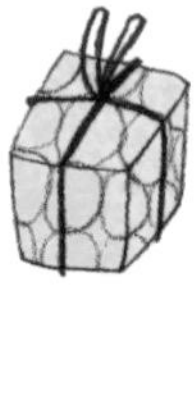

媽媽在情緒上會有一些風險，像是憂鬱症的盛行率高於男性，還有生理變化，包括懷孕生產、月經、更年期等，也會讓女性的情緒有大幅的起伏。

女性的先天生理結構上，一般來說，情緒敏感度比較高，也比較願意自我表達。所以在情緒表現上，包括頻率、強度、持續時間，波動可能就比較劇烈，以至於有時會進入讓自己或家人處在不舒服的狀態，這是很自然的現象。

但倒不是要將所有媽媽的情緒與因情緒而起的行為合理化，而是理解比指責更重要，雖然某些話語或議題本身，僅僅是原原本本地表達出來就像一種指責。但透過理解，走向覺察療癒，這是我比較在意的事。

再來，媽媽小時候是一個女孩，女孩在成長過程中，時常被要求貼心。所謂的貼心，就是要覺察他人情感，然後盡量使他人愉悅——即使這可能代表要壓抑自己的情緒。

**不少父母想要女兒，其實是想要有被愛、被體貼的感覺，少數父母比孩子更為頻繁地討愛。所以孩子可能為了生存，在生命早期就被迫扮演愛的提供者，而非接受者。**

進入家庭之後，要打理一個家，不太可能忽略情緒這個重要的元素。像是家庭氣氛的經營，還有媽媽帶著什麼樣的情緒，跟家庭成員互動，會有比較好的結果。

情緒也跟動機有關，媽媽要叫得動家庭成員，進行合適的家庭分工，就不能忽視情緒與動機。因此所謂「相夫教子」，這個工作很大一部分是在跟家庭成員的情緒互動。

那麼，媽媽跟家庭成員之間的情感連結，又或者說牽扯，就會比較深，這是我們大致能體會到的事。然而，其中是有風險的，我們很容易忽略這點。

假設媽媽是一項工作，那這個風險可以想成職業傷害。譬如情緒是雙向的，不是只有媽媽影響大家，每一個人都可能影響媽媽，都可能造成媽媽的情緒拉扯。

很多爸爸遇到孩子來跟自己講家裡的事，或者孩子提出請求，爸爸的反應往往是「去找媽媽！」**處理家事，重要的是要耐煩，當家事推給媽媽處理，幾乎等於把煩躁也一併推給了媽媽**。

媽媽又要擔任爸爸與孩子之間的溝通協調者，常常變成夾心餅乾，兩面不是人。一邊是婚姻關係，另一邊是親子關係，有點複雜，這是某些媽媽特別頭痛的地方。再多說一些，爸爸跟孩子的情緒糾結，因為媽媽當中間人，很可能兩邊都要承受！

孩子青春期時，經歷賀爾蒙變化，加上環境壓力加劇，所以可能產生情緒風暴。主要負責教養青少年的媽媽首當其衝，於此同時，媽媽的身體老化開始加速，除了老花、體力變差，更年期也悄悄地報到。青春期撞上更年期，很可能是一加一大於二，我碰過有媽媽在這一段期間，憂鬱症又復發。

然後，是空巢期。媽媽的主要生活重心，十幾廿年下來，如果一直放在孩子身上，沒有好好經營屬於自己的生活。那麼，空巢期會異常難忍，因為自我價值一下子好像真空了，情感寄託或依附的對象被突然抽離了。

這時候，會有一波離婚的浪潮。因為以前跟先生的婚姻，還有孩子是共同話題，有個話題，或者有孩子當緩衝，彼此還能容忍相處。等到共同話題沒了，發現夫妻相視無言，才會慢慢發現婚姻關係早已質變。

離婚，對大部分人來說，都不是好受的事。

如果是全職媽媽在此時離婚，隨著時間過去，往往會有經濟上的困窘，這跟沒有培養工作能力有關。所以，想離婚也要有能力，沒有離婚的，也不一定好過到哪裡去——不喜歡對方，在經濟上又離不開對方，那是很喪氣的事情！

我還是強調，男、女性各自有各自的壓力。我關注家庭，自然會多一點描述女性會面臨的困境，並非否定男性的辛苦，或者忽視男性對家庭的付出。

我常覺得幫媽媽塑造偉大的形象，是有點過頭了，讓我們沒有看到比較細膩人性的部分。也許可以藉著這篇文章，印證我們的觀察與體會，也許互相理解，也許彼此取暖，才知道自己並不孤單！

你以何種方式在聽？是不是透過自己的企圖、欲望、恐懼、焦慮和各種的投射在聽？是不是只聽自己想聽的那些能夠帶來慰藉、滿足和減低痛苦的東西？如果你是透過欲望的屏障在聽，那麼很顯然你聽到的只可能是自己的獨白和自己的欲求。還有別的聆聽方式嗎？

——克里希那穆提

# 當媽媽之後的幸福再也不同

相處要講實力，不能只靠愛情。
講白了，三個月睡不飽，愛情還會剩多少？

最近聽到一個故事，以下稍作改編。

是這樣的，有位太太很有自知之明，知道自己生產後需要喘息，所以做了小小的調查，包括親戚、托嬰機構，看有沒有臨時托育的地方。心裡大概有個底之後，某次跟先生閒聊這件事，本來只是聊聊，沒想到先生反應很大。

「自己的小孩不要給別人帶，一方面是安全問題，二方面是不要麻煩別人……」

先生本身是個愛小孩的人，尤其像是最近常見托育機構虐童的新聞，看了很是不捨。先生覺得，自己回家也會幫忙照顧，不需要靠別人。

她覺得先生講得有道理，也看過那些新聞片段，非常駭人，就認同了這個說法。然後也考量到，先生反應這麼大，為了婚姻關係穩固，就默然不說話了。心裡暗暗地想，啊，沒試試看怎麼知道，說不定這樣搭配，自己就能帶得很優雅。

孩子生出來了，起先先生是真的有幫忙。那時候她還能開玩笑，說孩子哭鬧，半夜都是用腳泡牛奶——意思就是，看是先生把她踢下床，還是她把踢先生下床，誰下床誰就去泡。

「奶的事，就是大事！」

剛開始她擠奶不順，緊張到不行，所以才決定母奶跟配方奶混著餵。有時候就想說要試試看，半夜起來，抱著孩子試半天。漸漸地，變成晚上都是她起來處理孩子，因為確實她來處理比較方便。

第一個月、第二個月，先生還受得了，掛著黑眼圈上班，回來還很認分帶小孩。到了第三個月後半段，出現回來倒頭就睡，叫醒又會有起床氣的情況，算了，就這樣，他只剩「玩」小孩，偶爾她叫的時候，還會來一下。

第四個月，孩子長小牙，開始咬乳頭，很痛，而且有傷口。想說都用配方奶好了，結果先生又有意見，說「大家」都說，母奶對孩子的健康比較好。

這下子，她也不是傻子了，那些「大家」是誰她都知道，只是不說破而已。她很氣那種幫不上什麼忙，又造成別人困擾的人。一張嘴在後面出意見，結果累的人都是她，連她先生都變「俗辣」，只是要他照顧孩子半天，他便一直推託說怕照顧不好。

因此，她把之前調查的資料再拿出來，親戚朋友再問一次。安排妥當之後，就按照自己的計畫進行，半年後去上班。

要講道理，是要有本錢的！

當老娘也能賺錢之後，臉色就可以少看一點。當然會吵啊，吵得很兇，她就一句話，「啊……不然你來帶！」

說實話，很掙扎，她比誰都擔心孩子。而且，罪惡感其實很重，她怎麼會不知道孩子自己帶比較好？她怎麼會不知道，母奶對孩子比較健康？

可是比起孩子，她更想要維繫這個家，有家在，孩子才有個安穩的歸屬地方。**要**

**維繫這個家，她不能步步退讓，退讓成習慣，會被當理所當然**。最後，就是講的人繼續講，做的人都是她，那時活成像個怨婦，這是她絕對不想進入的狀況。

如果連她都照顧不好自己，還有誰來照顧她。先生都不能指望了，還能指望誰？她先生不是壞人，但她先生不是主要照顧孩子的人，用說的都很輕鬆！

**相處要講實力，不能只靠愛情。講白了，三個月睡不飽，愛情還會剩多少？**

那是發生在她上班後的某一天，剛好在平日週間不用上班，孩子也沒帶回來過夜。那天她是睡到自然醒，然後才發現，這是她生孩子以來，可能是第一次睡到自然醒，好幸福啊！

她想到當媽媽之後，她的世界真的變了，變得很小很小。她的世界只有幾個人，先生、孩子，還有這個家。以前感覺幸福，常是靠物質生活堆砌，現在只要有睡飽、吃得好、小孩微笑、跟先生有話聊，這樣就好。

只是，她心裡的罪惡感依然很重，雖然表面上的堅強裝得牢不可破。還好她找得到人聊，還好她得到了不少鼓勵，知道她不扮演傳統認定的「好媽媽」，其實也可以。

當然，每個人的資源不同，條件限制也各異。能當傳統好媽媽也很好啊，但這個角色如果沒能力做到好，那就要藉著妥善安排，先求有再求好。經營一個家，真的不是說，只要按照「大家」說的，乖乖聽話就好。

當我真正開始愛自己，
我才認識到，
所有的痛苦和情感的折磨，
都只是提醒我：
活著，不要違背自己的本心，
今天我明白了。這叫做
「真實」。

——查理卓別林

# 媽媽的兩面為難

媽媽往往是家人間的潤滑，
常被磨到自己渾身是傷，只求家人和諧。

在「肉圓沒加辣」的新聞事件，我們可以看到媽媽夾在關係當中的為難。想保護或支持某一方，這通常是子女方，結果被遷怒。更慘的是，還有可能同時被雙方指責，裡外不是人。

有時候男性朋友會提到，夾在婆媳之間的男人最辛苦，大家都忽略了。這是事實，但我們忽略的不只是這個，其實我碰到很多，是媳婦要幫先生與他的原生家庭搭起橋梁，甚至是公婆打過來，先生都要太太去接電話。

因為這種事情如果不講，大家還會停留在刻板印象，不知道媽媽在各種角色之間

折衝的困難。有時候是該講的話，做兒子的人不敢講，所以媽媽只好為了孩子，或者為了自己，去當壞人，出面表達澄清。本來的親子問題，變質成婆媳問題。

很多時候，先生跟原生家庭的關係不好，太太莫名其妙被找去傳話。一方面也是說，家庭裡的事，常常要問媽媽，爸爸也常常一問三不知，所以跟公婆互動的壓力，又神不知鬼不覺轉嫁到媽媽身上。

像是手足衝突，媽媽不管站在哪邊，或者怎麼處理，都會有一方不滿意，被認為偏心。明明吵架的人不是媽媽，但只要媽媽一介入，立刻「公親變事主！」所以媽媽容易累啊，而且有時候是為了什麼累，還不太確定。細細地看，通常都是一些小地方，**媽媽往往是家人間的潤滑，常被磨到自己渾身是傷，只求家人和諧**。

在家庭裡面「喬」事情，沒有技巧實在不行！

在討論喬事情需要什麼技巧之前，還有一件個問題，可以先問問自己。媽媽可不可以放下，放下那個非得出來「喬」事情的角色或責任？很有可能不出來「喬」，別人就開始怪媽媽，那再進一步思考，左耳進、右耳出，行不行？

這其實要看事情，要考量嚴重性。以「肉圓沒加辣」事件來說，媽媽如果不出面，任爸爸打罵孩子，會發生什麼事，真的不知道。到最後出事了，媽媽還是得出來面對，跑都跑不掉！

很多朋友會講得很瀟灑，「不管它就好」，基本上我不反對這種說法。當媽媽的，什麼都要管，常常什麼都管不好。

可是，媽媽是局中人，沒有人討論，或沒有找對人討論，很多事就看不清楚，很多界線就不知道怎麼拿捏。所以很感謝臉書的朋友常來「洪仲清臨床心理師」的版面留言，因為同時看到一件事有多種做法，是非常難得的機會，可以幫助迷霧中的當事人，找到方向。講白一點，我覺得留言比內文重要，我回覆留言的時間說不定超過寫文章的時間。

要「喬」事情，當仲裁者，不如當溝通協調者。我們的工作，是要多傾聽，讓不同的當事人多說一點，我們幫忙整理。然後，期望藉著我們的幫助，鼓勵當事人彼此面對，可以靠雙方溝通出共識。

也就是說，我們先把球接過來，然後適時還回去。因為關係的功課，當事人也要學習，沒學到就是困擾自己！

所以，當媽媽的人，是不是要學一些心理學比較好？要不然這種工作，怎麼會有足夠的職能執行？

這種能力是很難的。聽說拜託特定人「喬」事情，是要花錢的。但是媽媽「喬」事情，喬得好是應該的，喬不好媽媽還可能被罵。情緒成本投入了，但很少能有什麼肯定，大多是消耗。

有一位朋友說，**責任感多的人，也容易有罪惡感。媽媽常常會覺得，家裡看得到的事，就是自己的事，然後，管不到、管不好，就有莫名的罪惡感**。所以媽媽容易煩，家人容易對媽媽煩，是有這種隱形的期許——期待媽媽能處理家裡所有的事，包括安撫家人的情緒！

做自己難，但是連自己都管不好，還想管別人，很容易出現我們文化中常碰到的畫面——一個叨叨念念的媽媽，自己的情緒烏壓壓，又帶著這股情緒管先生、孩子，被當成黃臉婆、老媽子，自己停不下來，別人不想靠近！

做自己，先從照顧自己的情緒開始，學了心理學的概念，第一個用在自己身上。多看看與我們處境相似的文章，都能幫助理解自己，然後從小地方試著節制自己精神體力。最累的就是活在他人的嘴裡，別人講不完，我們就做不停。**裝傻是一種實力，臉皮厚是一種武器，這兩樣學不會，當媽媽就容易失去自己。**

姊妹們，這條路漫長，別怕，我挺你（握拳放胸口）！

# 一忍就忍了一輩子

當媽媽可以看成是一種到遠方的旅遊，難以回頭、常有未知凶險，。但也看得見絢爛花開，也可能最後能停留在一段安穩靜好的歲月。

媽媽在各種角色之間周旋，總想要求個周全，就常常想說，「算了，忍一下就過去了！」

**這一忍，就可能忍了一輩子，成了委曲求全！**

剛開始不一定想要多犧牲，只是想說，眼睛一閉，事情一拖，說不定就過去了。然後，這一步退讓，那一步吞忍，就這樣割地賠款，最後所剩不多的「自我」漸漸失守。

那是溫水煮青蛙的過程，等覺醒的時候，常常年紀大了，無力了，身心疾病纏身了。所以可能只剩埋怨的能力，張口一直說，說到連旁人的憐憫同情都慢慢淡去。這整個過程，不能覺察的人，也是一大堆。因為傳統常常把「犧牲」當成偉大，這種美化，讓身在其中的人，感覺良好，自願交出生命的主導權。

有的朋友說，有問題就要處理，有困難就要表達。說實話，我也贊成，舉雙手贊成。但是，誰教過我們要怎麼處理？表達之後被拒絕，又該怎麼辦呢？我們的文化，是壓抑情感表達的。有問題發生，通常是視而不見的。在這種大環境氣氛下成長的個人，是能多懂得處理家庭問題，是能多有勇氣表達自己？

我自己習慣會跟媽媽朋友討論，要試著表達，不管我們在想像中，對方會不會接受。因為那很有可能，是我們自己裹住自己的腳步，把某種恐懼與焦慮放大了。

但是，表達之後，問題一定能解決嗎？當然不是，無解的問題很多！

還有，解決問題是要付出代價的，當事人不一定願意。很多時候，是某些傳統價值，加上現實，讓媽媽「認命」。

有一位媽媽，養育了兩個孩子，家裡只有一台嬰兒車。因此左手抱一個，右手推車，身體因為抱小孩腰板要用力，稍稍歪斜成某個模樣走路，不知道讀者在街上有沒有看過這種景象？

然後，她去家裡附近的超市。把坐在嬰兒車裡的孩子放在結帳櫃檯旁的門口附近，自己手上抱著一個，再推著購物車，急匆匆拿了一些東西。結帳的阿姨問，「為什麼不買那種可以坐兩個孩子的嬰兒車？這樣很方便……」

媽媽的眉頭稍微皺一下，堆起微笑：「再撐一下孩子就長大了，家裡也沒地方放……」

媽媽拿出購物袋，把東西裝進去。又是歪著身子，抱著孩子，把購物袋掛在娃娃車上，慢慢地推著娃娃車，一邊鼓勵孩子下來自己走路……

想說撐一下，自己累一點，錢就省下來了。孩子想抱，想說累一點，馬上就到家了。想說帶孩子出門買東西不方便，又想說累一點，東西先買一買，先生回來以前，晚餐就可以早些準備。

**一點又一點，好像事情沒做幾件，卻滿身疲累。**這種事讓男生來做，真的，過個幾天就好，看看哪一個會說不累？這只是一件尋常小事，裡面就可以看到媽媽在各種權衡下，步步退讓的過程。如果是過年過節，各種家庭聚會或重要活動，更免不了糾結與考驗。

**當媽媽可以看成是一種到遠方的旅遊，難以回頭、常有未知凶險，但也看得見絢爛花開，也可能最後能停留在一段安穩靜好的歲月**。又或者，旅途中不斷交出自我，最後只剩悲哀，想要別人說自己成功，但心裡又一直覺得自己失敗。

真的「失敗」，也就算了，這也是一種人生，體驗過就好。失敗，其實只是一種視角，換個方向來看，吃穿不愁，孩子們也都長大安好，這也可以是一種成功。

研究媽媽這個角色，非常有深度。裡面有好多人性，這些人性的表現實在值得好好梳理。

這些文章裡，有時候是同理，有時候是希望媽媽能清醒，有時候是期待社會正視媽媽的困境。不是說要家庭革命，而是沒有照顧好自己，直接影響整個家庭。

有時候停下來，修養身心，也是一種前進。一直忍，身心也可能出毛病。身心出毛病了，別人只會怪：「又沒有叫你做那麼多，歡喜做要甘願受！」

濃縮成一句話就是，「都是你的錯！」

罷了，學著做自己吧！

只有在心靈真正地安靜時，只有當心靈不再期盼、請求、要求、追尋、占有、嫉妒、恐懼和焦慮時，只有當心靈真正地沉靜下來時，才有愛的可能。

——克里希那穆提

# 一切如常便是祝福

為了育兒，媽媽的時間安排，變得碎裂、臨時、意外。
這種生活只要試著過個幾天，煩躁感就會油然而生……

把孩子的良好表現po上網，得到大家的羨慕與讚美，是不少媽媽常進行的活動。希望藉著孩子得到關注，有一些互動的話題，這是無可厚非的。

但是更進一步，界線就越來越模糊了。像是暗暗期待孩子有好表現，或者練習才藝拍成影片，或者有可愛的行為就開始要孩子刻意重複，這樣可以錄影，讓自己繼續獲得追蹤好評，甚至藉此獲得錢財，這就可能是在犧牲孩子，來滿足媽媽自己了。

當媽媽在某種狀況下，有一個很強的誘惑，就是本來只有自己的時候，不太被注意，但自從有了一個很能帶出場的孩子，變成了許多人的焦點。那麼，這位媽媽，有沒有可能持續複製這樣的經驗，即使對孩子已經有了負面影響？

其實這並不奇怪，父母要孩子滿足自己未竟的夢想，這常常發生，而且也已經被討論多次了。久遠的未來尚且如此，更何況當下只要勉強一下孩子，父母很快就能得到滿足，有時候頭腦還沒想清楚，動作已經完成了！

從另一面講，當孩子沒有好的表現，媽媽的挫折感就可能越發強烈。平常媽媽的價值，已經跟孩子的表現綁在一起，孩子表現好的時候媽媽得到肯定，那表現不好的時候呢？

在這個過程中，孩子便承受了更多原本跟他無關的情緒。即便這顯而易見，但如果要一個家長承認，實在太難。

以前只要承受街坊鄰里對媽媽的評價，然而這個歷程在現代社會越演化越激烈，在手機上、在電腦前。而且傳統媽媽是被動地接受評價，現在是主動地用社群網站交出成果報告，供大眾品評，想爭取一些正面的成績。

我的工作，容易讓我看到大人、小孩的困境。所以我特別喜歡一個健康活潑孩子的小搗蛋、小脾氣，我看待家長的小抓狂、小煩惱時，我竟然會感受到一股「欣慰」——這就是正常親子互動的樣子啊！

**一切如常，便是祝福！**

我認識有家長，很少把孩子的照片放在公眾的地方，頂多只在親人之間傳遞。除了安全考量之外，那是希望孩子普通平凡就好，自己也沒特別想透過孩子得到多少關注。自己過自己的人生，孩子也有孩子的人生，從孩子最早還只是個小嬰兒的時候就獨立看待。

這沒有否定誰的意思，只是價值觀的不同。

同一個行為的背後，也可能有複雜的原因，所以不用急著否定誰。像是有些媽媽是藉著社群網站「記錄」，有時候隔一年還會回顧，像是日記的感覺。有些媽媽是要請教朋友，解決孩子的問題，沒有照片或影片佐證不方便。

有女性喜歡「媽媽」的身分，更勝於「自己」，已經完全以孩子做為自我認同的重心。自我介紹時，會說自己是「〇〇媽媽」，下意識把自己原本的樣子抹去。

有些媽媽是說，躲在媽媽這個面具裡，特別是表現出犧牲的形象，比較不會被責備。但若是只做自己，就不太有安全感！

接下來，一切的發展就能夠很自然地想像了。孩子被欺負了，孩子還不一定搞得清楚狀況，媽媽可能比孩子還痛苦。孩子的情緒，強烈地牽動媽媽，讓媽媽交出了很多自己的情緒主導權，在原本的情緒起伏之外，要再加上慌張失措——因為那已經有些接近失控的感覺了。

所以，想藉著孩子接受肯定，撫平情緒的狼狽，這不是再自然不過的事嗎？

很多事，理解就好，落入責怪，常常不小心就會太過頭。從整個脈絡來看，媽媽把自我交出去，絕非全然自願，這似乎也有先天生物設定。接觸「媽媽」這個角色，細看心境轉折的紋理，很少會覺得煩躁無趣，因為變化多端，類似的心理歷程也絕非只侷限在女性發生。

**為了育兒，媽媽的時間安排，變得碎裂、臨時、意外。這種生活只要試著過個幾天，煩躁感就會油然而生**，那種完全要以另一個人為生活軸心的失控感，如果再加上睡眠節奏整個被打亂，精神意識根本就陷入昏昧，試問多少男性在這種狀況還能保有清醒完整的自我？

我先停筆在這裡了，我怕被人誤認我生過小孩。我目前還沒生過，未來不知道，生物科技目前快速發展中，很多事很難說。這些話題，以及眾多的小細節，都只是我的整理。（或許是我上輩子的記憶？）

祝福各位讀者，一切如常，這是我的衷心盼望！

# 為什麼我沒有母愛？

能愛一個人，
跟自己有沒有好好地被愛有關。

這是一個很禁忌的題目，相當違反刻板印象。如果有人承認自己沒有母愛，看到孩子只覺得煩，道德壓力就會跟著來。

從動物研究來說，可以觀察到沒有母愛的猴子，甚至會攻擊與殺害自己的孩子。以人類來說，如果往受虐兒的案例去看，也就能明白，母愛不是理所當然。或者說，縱然有母愛，也很淡很淡，相對於壓倒性的負面情緒，根本看不出來。這樣的母親，我是真的碰過的。她們帶著對自身的滿腹質疑，生活也沒有多好過。

回到動物實驗來說，當一個母猴從小被隔離，沒有經歷過猴子媽媽的溫暖照顧，只有實驗人員提供基本的食物供給。那麼，當這樣的母猴受孕後，便不一定懂得育幼，甚至可以看到對自己的孩子殘忍。

所以，**能愛一個人，跟自己有沒有好好地被愛有關**。有些母親本身有心理上的困難，這份艱難讓她只能關注自己，或者連自我都破碎。人類的大腦設計很精細，少了某些功能，或者哪個神經傳導物質沒有適當發揮作用，這都是想像得到的事情。

育兒是相當不容易的事情，牽涉到體力、腦力、心力是否足夠，還有環境的限制要考量。譬如，在沒有支援系統的情況下，只帶一個，或是同時帶兩個，或者有三個孩子滿屋子跑，個人資源的耗損就會有大大的不同。

之前有朋友提到，現在的媽媽都很會給自己找幫手，沒那麼脆弱。有時候是人算不如天算，我不知道各位有沒有遇過孩子找不到人帶，只好帶去上班的狀況？又或者，各位朋友自己就曾是這樣？

很多困境，沒寫出來，真的沒人懂。寫出來了，還不見得有人相信。

帶孩子壓力不小，如果沒有人支援，甚至不被理解，常因為孩子被責備。像是孩子哭鬧就被白眼，感冒就說都是媽媽沒照顧好，母愛會不會有被磨光的一天？

有些夫妻打定主意不生孩子，結果還是意外懷孕，孩子被迫生下來，這能怪媽媽沒母愛嗎？有些媽媽是很有自知之明，不是真的不喜歡孩子，而是沒辦法承擔這麼大的責任。可是，有時候社會壓力更強大，然後孩子生出來了，那些本來口口聲聲要提供的幫助突然全都噤聲，所有的壓力還不是媽媽要一肩扛?!

做媽媽有時很倒楣，因為那些喜歡叫人家生小孩的人可以跑掉，媽媽跑不掉。真的狠心跑掉也是可以，可是各種壓力會追上來，包含實在跑不掉的內心罪咎！

不是所有女性在懷孕前，就對育兒這件事有充分的認知。有時候是愛情會給人無比的信心，覺得有愛就能克服所有的難題。結果，糟了……，知道自己做不到的時候，已經來不及了。

所以我不太談責怪，我不太說，沒有準備好，就不要生小孩。因為很多事是發生之後才知道，特別是社會上常常用過度美化的方式吹捧母愛的偉大力量，好像有母愛什麼都不用怕。什麼「為母則強」，多少媽媽聽到這句話就覺得心酸，就覺得討厭。不是說這不是事實，而是一**個母親之所以越來越強，常常是另一半不參與育兒**。

對我來說，沒有母愛的媽媽，本身會有一定的痛苦。我們還可以期待父愛啊，為什麼要讓父愛缺席？為什麼跟孩子相關的事，就是媽媽一肩挑起？

沒有父愛，還有奶奶愛、爺爺愛、外婆愛、外公愛啊……

我常常會看到一個老阿公，接幼兒園的小孫女放學，那種景象非常美好。我很喜歡小女孩的天真，阿公的慈祥。如果在這樣的狀況下，這個小女孩真的就剛好沒有母愛，孩子一定過得很糟嗎？現在我們社會上，有多少隔代教養的孩子，這就是現況啊！

母愛是很重要的，可是母愛的缺乏，是可以在某種程度上彌補的。甚至我碰到有朋友，在心理上是把奶奶或外婆當成媽媽，對自己的媽媽反而沒有多少好感。我沒有要幫誰開脫的意思，我只是希望大家能就現況來說，找到一個讓大家都過得好的折衷方案。

就放過沒有母愛，或者已經被折磨得給不出愛的媽媽吧。除了責怪，用實際的行動幫助孩子，讓大家共同面對未來，這比較實在。

如果你曾嘗試過，你會發現僅僅去觀察而不讓心念介入觀察過程有多麼困難。而毫無疑問，愛的本質就是如此，不是嗎？如果沒有寧靜的心緒，如果你總是不停地想著自己，你如何去愛？

——克里希那穆提

# 如果不是為了小孩不想結婚

跟著孩子長大的過程，悲喜的幅度都振動得特別大，牽扯很深廣。孩子如鏡，照出媽媽的童年，有心的媽媽會想要好好再長大一遍。

「如果能重來，會想要結婚嗎？」

關於這個問題，除了少數媽媽，不希望有小孩，也不想結婚之外，很大多數的媽媽，答案相當一致：如果不是為了小孩，不想結婚。

如果還有一個選項是，可以不用結婚就有小孩。那選這個選項的媽媽比例是壓倒性勝利。

多一種方式來說，後悔進入婚姻的媽媽不少，但後悔生了孩子的媽媽不多。當然，這完全是從女性視角出發，而且源自於我個人狹隘的經驗。

大部分的媽媽，不喜歡父權文化，不喜歡在婚姻中女性要犧牲自我的傳統價值觀。覺得我們文化中的男性不夠體貼，對女性的限制也多，但男性就相對自由。

本來是因為愛情而進入婚姻，生了孩子之後，媽媽跟孩子之間的連結，就勝過跟家裡的「老爺」，而且這個現象會持續很多年。才會在空巢期的時候，原本是情感寄託對象的孩子離家後，對於退休又不做家事的老爺有了憤怒感，不少女性在這個時機主動提出離婚的要求。

有小孩在這個世界上，對媽媽有什麼意義？

一個生命從自己身上誕生，那是一個相當奇妙的經驗，不是每個人都能有這樣的體驗。當孩子出生之後，母性或者天生的賀爾蒙設定，會讓媽媽跟孩子有相當緊密的聯結，連爸爸都不一定能介入。

看著孩子日漸長大，每日都是驚奇。帶孩子真是不輕鬆，如果同時帶雙胞胎，更像是參加魔鬼訓練營。可是，有媽媽說，看到孩子笑，疲勞都會融化。

不過，也不完全是這樣，少數媽媽講得直白，不知道是不是開玩笑，覺得孩子剛生出來時，那個樣子不是很好看！

孩子會坐、會爬、會走，每一個里程碑都想要牢牢收藏在心裡。聽孩子第一聲叫「媽媽」的時候，那種滿足快樂，可以說成是這輩子從來沒有過。

（當然，如果孩子最一開始先叫的是「爸爸」，然後才是「媽媽」，那麼媽媽的心情會有一些微妙的變化。）

孩子黏媽媽，比各種關係都靠近。孩子的討好，那種對媽媽全然的需要，會讓媽媽覺得自己很重要，也想給孩子這個世界上所有的美好。

（不過，一樣也有媽媽受不了孩子太黏！）

然後，孩子懂得反抗，開始學會說「不要」，開始會說謊，可能開始喜歡老師同學勝過媽媽。有些媽媽還是一心向著孩子，有些媽媽開始害怕，孩子越大，越是調適不過來，手更放不下。

**跟著孩子長大的過程，悲喜的幅度都振動得特別大，牽扯很深廣。孩子如鏡，照出媽媽的童年，有心的媽媽會想要好好再長大一遍。**

修復與療癒自己，是藉著養育孩子順便助益自己的良好機會。如果沒有孩子，很多體驗都不會出現。才會有很多人都說，有孩子之後，感覺自己的生命完整了！

接下來，兼具慈悲與智慧的媽媽，會希望自己受過的苦，下一代不要再持續。因此不少媽媽教導男孩，學習尊重女性，懂得跟女性談心情。男孩對媽媽的關心會得到肯定，期待男孩能視女孩為平等的人生伴侶、合作對象。

「媽媽」的角色，很難有人能取代。因為媽媽的工作很難，重要性很高，影響一個人的人格，甚至將來會影響下一代的新家庭。我認識有些女性，立志要當個好媽媽，這是相當長期且慎重的承諾。

我對於和很多媽媽一起工作，感覺榮幸。媽媽們的成長，在「實戰演練」之下，邊做邊學，常能給我相當重要的回饋。

很多媽媽學會了感恩，知道以孩子為師，讓自己覺醒茁壯。孩子經過我們，飛向遠方，我們祝福，並且繼續我們的人生，過去的一切都成為珍藏！

# 生孩子對婚姻與媽媽本身的挑戰

很多媽媽無法瀟灑離開婚姻，確實跟孩子有關。常常是有了孩子之後，硬著頭皮、咬著牙，寧可委屈自己……

如果有女性朋友因為婚姻不穩固，想要生個孩子，看看關係有沒有轉機，我通常會請她多考慮一下。

一般刻板印象以為，有孩子才像個家，或者對方會看在已經有孩子的狀況下，更有責任感，更照顧這個家。事實上，我們忘了考量一個因素——孩子的到來，對關係造成壓力的可能性，會大於對關係的助力。

孩子出生，經濟負擔瞬間變重，以及為了照料孩子，時間精力都會大幅消耗。生活品質完全受影響，孩子半夜哭鬧、腸絞痛，出現各種疾病需要照顧，大家都睡不

好。這不是媽媽一個人犧牲就可以解決的事，生活空間重疊，爸爸必然受到影響。

再來，大部分男生沒有經歷過，不知道自己的承受度如何。當孩子常常啼哭時，可能很快便把男性的耐心磨光，情緒也不會太好。

有些朋友提到，關係開始變質的轉折，跟孩子的出生有關。譬如，有一位朋友說，本來交往時性情溫和的先生，在老大出生之後，突然變成很容易發脾氣。然而，這種偏離常態的行為表現，慢慢成了日常，這是她萬萬沒想到的地方！

不管媽媽後來有沒有出去工作，至少在坐月子期間，媽媽是沒有工作的。所以媽媽擔心影響到爸爸明天上班，會把安撫孩子的情緒，下意識當成是自己的責任，對於吵到先生的睡眠，產生莫名的罪惡感。

其實不是只有先生的耐性會遭遇挑戰，媽媽本人才是首當其衝的重災區。嚴重一點的，當孩子哭鬧停不下來時，心裡會一直湧現想要帶著孩子離開這個世界的聲音，少數媽媽還真的執行了……

有的媽媽生產、懷胎到坐月子，非常順利，好像整段過程是非常喜悅地迎接新生命，如同電影情節般溫馨。可是這是少數，或者背後的辛苦沒被拿出來檢視。

各種害喜、孕吐、水腫等生理變化，我們都很清楚。在心理上，會有一定比例的產後憂鬱（可能在產前就開始）我們也很熟悉。就算沒有產後憂鬱，個性或許會變得敏感，容易感覺被他人拒絕，沒有安全感，常有不好的想像……

先不說孩子，光是產婦的身心變化，這對關係是壓力還是助力？

不是只有這樣而已，有些媽媽因為把所有時間投入在照顧孩子，完全忽略了爸爸。或者因為作息不正常而感到疲憊，情緒狀態依舊沒有復原到還沒懷孕前的穩定，對於爸爸照顧孩子的粗心大意，動輒一頓責難。這些育兒家庭常見的現象，對於夫妻關係是壓力，還是助力？

在這裡並沒有要責怪哪一邊的意思，這就是孩子出生之後，雙方要共同面對的局面。當然其中有迎接新生命的興奮，只是我們把另一面討論得更清楚，看看那些磨人的日常，這些小細節其實對關係的影響很深遠，因為這會打擊到婚姻裡的親密感。

別以為故事到這邊就結束了，因為孩子的誕生，更複雜的家庭動力就會現形。譬如，婆媳問題可能在此時，悄悄地冒出頭了。

我講一個簡短的小故事，那是一個天真的女孩，結婚兩年內開始後悔，但又無法轉身離去的無奈。如同上述，結了婚，接著在懷孕的過程中，發現先生的個性開始變得暴躁。

孩子出生之後，帶有先天性疾病，婆家全怪在媽媽身上。媽媽想出去工作，婆家大力阻止，因為孩子需要照顧，沒有人能幫媽媽。可是，眼看著將來的醫藥費，先生獨力難以承擔，媽媽只好花起婚前的存款。

先生個性上的變化，婆家的指責，經歷這一切，讓這位媽媽後悔莫及。同住一個屋簷下，沒機會出去找人聊天透氣，只好偷偷躲在棉被哭泣。可是，孩子是一個生命，怎麼也不能放棄，但存款就快花光了，還不能出去工作，完全不知道未來在哪裡……

很多媽媽無法瀟灑離開婚姻，確實跟孩子有關。常常是有了孩子之後，硬著頭皮、咬著牙，寧可委屈自己，一天拖過一天，求奇蹟出現。結果，奇蹟沒出現，慢慢的連自己都嫌棄自己，每天還要面對無奈的關係。

不只是沒勇氣離開婚姻的問題，身邊有沒有支持的力量出現，這點也很重要，經濟就是一個現實的問題。所以很多事，根本不知道答案，實在是未來的各種變化大到難以估量。

家庭裡的無奈，我是體會很多了。因此我特別喜歡跟朋友聊聊家裡面那些尋常的小煩小惱，在我看來，這些被稱作煩惱的，其實都是幸福得不得了！

# 生了孩子之後自然就會當媽媽？

講白了，自己都不見得當得好，
做人都有困難，怎麼就突然會當媽媽？

為了要年輕人生小孩，親戚、長輩常會有很多一廂情願的說法，像是「孩子生了錢就會來了」、「生了孩子之後自然就會當媽媽」……沒有過程，直接跳到結果，彷彿年輕人擔心太過，只要眼一閉、往前衝，上天一定會保佑。

才怪！話都隨便講，也不一定要負責任，辛苦的常是別人。

我來舉例，有一個朋友，正是因為自己媽媽的樣子，才不想當媽媽。因為她認為自己與媽媽的個性很像，不太有耐心。小時候，只要媽媽一生氣，就是往孩子臉上來個連環巴掌，她的媽媽是不管生了幾個孩子，依然不會當媽媽的人啊！

「不是所有媽媽，都會當媽媽……」

當我對著某位媽媽說這句真心話的時候，她很明顯變臉，一陣青一陣白，可是她本來就是常要女兒照顧她的脾氣與任性啊。有些朋友也誠實自白，自己真的不適合當媽。當媽媽這麼難，沒有學習、沒有榜樣、沒有支援，怎麼可能突然就會當媽媽？

有些傳統媽媽沒辦法適應父權社會下的婚姻與家庭，都自身難保了，自己的情緒也管不住，一直對孩子吐苦水，什麼情緒都要孩子幫忙承擔。有些媽媽把孩子當發洩情緒的出口，很多不滿都以抗辯能力不佳的孩子作為出氣筒。有些媽媽把孩子當作成就感的來源，學業、才藝、比賽，哪樣能逼就盡量逼，要博一個好媽媽的美名……

講白了，自己都不見得當得好，做人都有困難，怎麼就突然會當媽媽？

有些父母，心智根本就沒長大。等到孩子有能力之後，父母很快就要孩子變成小媽媽、小爸爸，反過來照顧自己。如果孩子賺到錢（孩子還不一定成年，例如童星），特別是賺大錢，父母的醜態就會跑出來，花錢沒節制，再要孩子出去賺，要不到錢，各種對孩子的控訴與醜化通通冒出來，這些例子在新聞上也不是沒出現過。

所以，如果真的不會當媽媽，那就在心裡偷偷承認就好，雖然很難堪，或許也感覺沒有價值，但這會是個開始。接著開始認真學習，先從一個人當起，先學會面對自己的情緒，對自己坦承活得不是那麼愉快，以致於常要把孩子拖進來，以平衡自己的心情。

以前，有些媽媽動不動就說，自己是個失敗的媽媽，作為自苦、勒索的手段。對我來說，能自我反省、有覺察，是很好的事，有覺醒後，接著要開始改，而不是反過來要孩子改、配合。

不是每個人，天生會照顧人，有些人連自己都照顧不好，更別說照顧孩子了。有些人超級沒責任感，有些人的自我中心像是一種癌，有些人連自己的孩子都會性侵、虐待……

其實，在家庭裡面，這些都不是新鮮事，我們身邊可能就有類似的例子。只是以前很少討論，道德壓力太大、太強，父母的角色被過度神化，質疑父母便像是一種罪。我是真心覺得，即使當不好爸爸、媽媽，也別把自己忘掉。放過孩子，先把自己當好，健康顧好，自我價值建設好，這樣會少一點向孩子索討。

有家長提到，自己是被放養長大。不過，好像也沒變壞。有些父母的狀況不好，反而硬要管孩子，常弄得更糟！

當父母不會當父母，至少別給孩子負擔，讓孩子自由，別讓孩子成為自己難過委屈的犧牲品。別讓孩子成為大人角力的工具，別以孩子作為報復伴侶的武器。

停止再傷害孩子了，這通常是要付出代價的。要抱著周處除三害的決心，大人要先成長、自救，孩子才能得救。

# 有小孩才像個家，關於這一點問過小孩了嗎？

關係或許經得起大風雨，
但時常經不起日常的細碎磨難。

父母照顧孩子難免出現疲憊感，把氣出在孩子身上，這是司空見慣的無奈。同時，我們在認知上，也會有一些相應的奇妙變化，這是類似一種潛意識的合理化。例如我們覺得所做的一切，都是為了孩子。然後會生出被孩子欺負、糟蹋，好像生活的一切都是被孩子牽著鼻子走，一切的痛苦來源都是出自孩子的那種感覺！

簡單來說，在身心超過負荷時，大部分人的反應，會把一切負面情緒投向壓力源，進行怪罪或指責，試圖讓自己心裡輕鬆一點。「都是孩子的錯」、「都是因為孩子」，這些想法就會升起，開始讓我們停止覺察，我們自己在其中的角色與責任。

**有人是希望藉著小孩挽救已經出現危機的婚姻關係**，或是讓角色有新的意義，像是升格成爸爸、媽媽，**把小孩當一種治療方案**。

其實，有人生小孩，是起因於社會壓力，有人是為了拉攏關係。至於是不是真心喜歡小孩，說不定不是那時最重要的考量。

譬如，我曾經聽過一位女性朋友說到，「有小孩才像個家」。可是，她當時的婚姻關係正處在冰點，她又不是那麼有耐心，特別容易發脾氣。不意外地，孩子出生之後，整個家庭都吃足了苦頭，孩子最是無辜。我常忍不住想，有些父母給了未出生或剛出生的孩子許多隱形的任務，這些都問過孩子了嗎？

當然，意識到孩子的出世，讓父母改變自己，在心理上為自己的選擇負責，這是有可能的。不過，很可惜的，不是所有父母都能順利完成這種轉變，有些父母只會注意到自己的努力與付出，渴望孩子給予回報。

也不是說，沒有準備好的人就別當父母，因為事實上並不是如此。大部分的人都是先當了父母，才開始學習。那麼，這當中的差別是我們進入關係之後，不管是親子關係或情愛關係，願不願意打破慣性，跟對方一起成長？

**關係或許經得起大風雨，但時常經不起日常的細碎磨難**。當熱戀期逐漸邁向老夫老妻，所有日常的問題便浮上檯面，我們在這一刻，才能知道有沒有可能白頭偕老。這時候就能知道愛到底有多深，熱戀時的甜言蜜語都不可靠！

育兒也有甜蜜期，通常在六歲以前。甜蜜期過了，孩子逐漸形成自己的人格，開始跟父母進行個性上磨合。我們有沒有辦法順利接納對方，而且是仍然持續成長變化當中的對方，這會大大影響到親子關係的品質。

有些人只想固守既定模式，忽視迎面而來的挑戰，以換取安全感、安定感。

**安定讓人心智變得遲緩，寧可選擇看似沒有風險的生活，將就地過活，一成不變。常常等到一輩子過了一大半，才發現自己已經妥協了那麼多，不知道在忙什麼，人生好像一片空白。**

更讓人困惑的是，有些人自己過得不那麼好，卻又要把人拉下來，一樣的生活情境。說實話，這好像也是另一種獲得安全感的方式——「大家一起爛，我就不是最爛」的假象安慰。

不管用什麼方式，每個人都賣力地刷著存在感。而生養一個孩子換來的 cp 值很高，大家都說傳宗接代是一種孝順的美德。

不過，也有父母因為有了孩子，從此轉變了人生的意義，又在成長的路上推了自己一把。只是，我建議在概念上要釐清，是我們藉著孩子找到了存在的理由，而非孩子就是我們存在的理由。孩子將來也會離家，也會有不想親近父母的時候，孩子是一個獨立的人，這點我們不能忘記。

剛開始帶孩子是會經歷一些混亂，但我也見過有些家長，慢慢得心應手，展現從容優雅。不少家長在孩子大了之後，懷念這段混亂期，雖然打從心底不想再經歷一次。

等父母心理足夠成熟之後，才可能明白**那些為了孩子的忙亂疲憊，正是我們人生的精華！**

# 那縈繞不去的酸臭味

跟孩子玩，也是做家事，這是她的體會。
如果沒有當媽媽，她不會知道。

這是一個改編過故事，關於一個剛生了寶寶的媽媽。去年才生了哥哥，隔了一年多，妹妹來報到，湊成了一個「好」。大家恭喜連連，她也在人前歡笑，熱烈回應，她覺得這是禮貌。

但是只有她自己一個人，跟兩個孩子在家裡的時候，別人眼中的那個幸福媽咪，好像完全不見蹤影。

她不會因為喜歡孩子，就喜歡上那些屎尿帶來的酸臭味——那是昨天沒倒的垃圾，她知道，正在角落隱隱發臭著。也不是倒了垃圾就好，因為舊的去了，新的就來了，沒有結束的時候，每天這樣重複著。

她不是不想倒，而是那時孩子剛好在鬧。她先生也在忍，她看得出他的眼神。關於先生的眼神，她知道是過度敏感了。她先生本來就不是多話的人，溫溫文文的，一副謙謙君子的樣子。所以她只能看他的眼神、動作，判斷他的心情，他一聲「嘖」，就能讓她心情很不好，像火山要爆發。

她在跟孩子玩的時候，她都堆滿微笑。她知道只有藉這個時候，才能接近幸福媽咪的樣貌。有時候她在想，她是不是有點故意要自己笑，因為一邊跟孩子玩，一邊想到水槽裡的碗盤還沒洗，窗簾下面那一堆毛還沒清，心裡其實很煩躁……

她真的不知道，她先生會不會覺得她過得很爽？她好想知道答案，可是也知道這是自尋煩惱啊！得到答案又怎麼樣呢？情緒還是繼續長出來啊。

**跟孩子玩，也是做家事，這是她的體會。如果沒有當媽媽，她不會知道。**

**孩子就是需要陪伴，玩是一種陪伴的方式，那是給一種心理的養分。**她忙不完的事情還有很多好不好，可是她知道不理孩子，等孩子哭鬧時，一樣要放下手邊工作，去安撫照顧孩子。

不知道先生能不能理解她，因為如果是生孩子以前，她自己也不能理解！那個開開心心的樣子，可能只是強顏歡笑。

對啊，就是這麼希望被同理，可是又得不到。或者說，根本不可能得到想要的理解，她想要的，是完全沒有煩惱，煩惱通通消失。所以誰的理解，都不是重點，她是有這樣的自覺。

不是說她先生是壞人，先生已經很好了，有苦往肚裡吞的那種，主動照顧孩子，家事也會做，沒什麼可以挑剔的地方。但是他不是那麼甘願，這是事實，他的個性是只要情緒不好，就默默地做，不說話。這種「殭屍型的互動」，完全罩不住孩子，她還是要接手過來處理，很難休息。

有一次，她突然一陣餓，很餓，才發現從早上起床就忘了吃飯，整付心思都在忙小孩。又有一次，她要出門發現找不到鑰匙，找了老半天都找不到，不敢出門。後來是先生回來幫她找，最後發現在垃圾桶，還好沒打包拿去丟。她先生難得笑得很開心，問她怎麼了，她不想解釋，她不想說是因為事情太多、腦汁都被榨乾了，因此做了蠢事，說出來會傷了自尊。

可是，她其實每一件事都想說，包括身材臃腫，一整天把頭髮盤起來，穿著寬鬆的睡衣像瘋子。還有包含覺得孩子好吵，他為什麼這麼晚回來，為什麼一天悶在家，變得很渴望跟人說話，可是他就是個大木頭，跟他說根本沒有用……

如果每一件事情都說，會非常囉嗦，那就是黃臉婆。聽起來都會是抱怨，無止盡的負面情緒，她懂，她以前最不想要聽這種人說話。可是，她正處在這種局面裡，她明白了，因為每日家務沒有結束的時候，心永遠懸在那裡，好多好多好多好多事等著在那裡，浴室的黴菌看了就礙眼，一直很想刷，它們像是在瞪著她、在笑她，「你能拿我怎麼樣……」

有一次她媽媽來，於是她想盡情的跟媽媽訴苦，一件一件說，還沒講到一半，她媽媽開始說，「你這樣算什麼，我以前生四個……」意思就是，她怎麼抗壓性這麼弱。這下子，只好把嘴巴閉上了，因為說越多就證明她抗壓性越弱。

她媽媽要的是她這個做女兒的給媽媽的肯定，這她也有想過。可是，那時的她給不出來，完全沒有能量能付出。也沒有力氣回應媽媽，表示那時媽媽生活在鄉下，旁邊還有其他親戚幫忙照看，街坊鄰居來作客還會幫忙看小孩，而她常常要獨自一個人忙兩個小孩。

有一天，她真的受不了，孩子生病，她也虛弱無力，可是她好想出去透透氣。所以她穿了外出衣，套上牛仔褲，然後繼續把屎把尿，一個人用想像的力量撐下去。

已經不知道多久，她有意識地躲避鏡子裡的自己，那個樣子她看不下去。她是放棄自己了，那個曾經建立的「自我」和那縈繞不去的酸臭味，在一起飛散瀰漫……

當我真正開始愛自己，
我不再總想著要求永遠真確，不犯錯誤。
我今天明白了，這叫做
「謙遜」。

——查理卓別林

# 邊上廁所邊安撫孩子的媽媽

能夠讓媽媽稍減辛勞的，
是大家對於「媽媽」這份工作的價值認定。

有朋友提到，如果把描寫媽媽角色的文章集結，拍成電視劇，說不定收視率會大好。這我相信，但前提是寫劇本的人要很厲害才行，很能表現出戲劇張力，我的原稿相對來說太過平淡了。

這其中有一個很能引人深思的地方，是媽媽在育兒的辛苦，尤其是接近產後憂鬱的難受，雖然不是所有媽媽都有這種身心症狀，但卻是大家都熟悉的困境。弔詭的是，這種狀況被拍出來的不多，大部分都是很歡迎新生命來到家庭裡的溫馨畫面。通常這種影片，爸爸媽媽還要一副很恩愛的樣子，最好在鏡頭前親一下。再來大家還要慶祝，一堆親戚互道恭喜，熱熱鬧鬧的。

相形之下，現實的反差很大，而且顯然**新手媽媽的寂寞無力，常被忽略**。我很懷疑，這種日常又不尋常的視覺敘事，有沒有人願意拍攝？

有位朋友提供一個影片連結，其中有一幕，是媽媽在上廁所，孩子在哭鬧。下一幕，則是媽媽坐在馬桶上，抱著孩子安撫。我猜，中間省略掉的狼狽，是媽媽光著屁股，衝出廁所抱起孩子……

所以我認識有媽媽，是真的養成了上廁所不關門的習慣，就怕孩子有個什麼意外。如果連上廁所都這樣，那我們可以猜想，在每日的生活裡，那一顆懸在半空中的大石頭要被撐住，長期來說，得要耗損多少心力啊?!

其實，有時候是沒辦法關門，不是真的想不關門，因為孩子會在外面大哭，甚至哭到吐，即便上廁所也沒有幾分鐘。或者有些是一直在外面狂敲門，敲到媽媽開門為止。有的孩子也不嫌臭，寧可到廁所「陪上」，也要看到媽媽，尤其是孩子正處在分離焦慮嚴重的時期。

更別說洗澡了，一個人舒舒服服的洗澡，會在育兒後有一段時間是「夢想」。常常只能洗戰鬥澡，或者洗澡時也要敞開門，讓家人「觀賞」。

對於媽媽角色的文章，不同的媽媽有不同的反應。有些是感覺寫出了具體的細節，但少數覺得當媽媽沒這麼可憐。這是不同際遇，沒有誰對誰錯的問題，所以即便是媽媽，也確實不是所有媽媽都感受到同樣的辛苦。

說實在話，家人的支持很重要。我認識有的媽媽，孩子生了之後，成為女王，各種資源主動報到。不敢說是那種傳說中的生一個一百萬，或甚至上千萬的豪門，但是親戚朋友都很義氣相挺，也是有的。

能夠讓媽媽稍減辛勞，是大家對於「媽媽」這份工作的價值認定。**如果大家都能理解與真心相信媽媽在家務上的付出，不亞於外出工作，而媽媽本人也認同這樣的觀點。那麼，確實在擔任母職之後，媽媽的自我反而有可能提升。**

而媽媽的情緒，是可以傳遞給寶寶的，透過肢體、表情以及聲音。這能夠影響孩子的情緒，依附品質，甚至孩子的早期腦神經發育。

這也是我希望把這個過程寫出來的部分原因，那些歌功頌德就免了，還是實際給予支援吧！

此外，如果只講「支援」過於抽象，那麼，具體來說，是讓媽媽有時間可以自己出門走走，還有讓媽媽看到一個乾乾淨淨的家，這兩點能做到就是幫了大忙。

關於「乾淨」這件事，是媽媽很大的焦慮來源，每個媽媽的標準差異不小。我們擔心孩子的健康，而且孩子剛出生抵抗力比較差，媽媽又容易在這個地方被責怪，或者因為看到孩子痛苦而自責，所以特別敏感，這些情緒會聚焦在「乾淨」這件事——包括抱小孩前有沒有洗手、孩子衣服上的污漬、居家環境整潔等。

（尤其孩子剛在學爬時，常會撿地上的東西含在嘴裡或者吃手手。）

對於「乾淨」要求高的媽媽，容易跟家人起衝突。所以理想跟現實之間常有差距，這差距常帶來焦慮。媽媽可以對自己有合理的期待，記得寫下每天的待辦事項，簡單記錄自己做了什麼，可以減少忙了一天，但又感覺沒做什麼的空虛感。

（尤其當了媽媽之後，記憶力會受到考驗，簡單記錄，對生活會很有幫助！）

當媽媽很怕完美主義，在研究上、在我的臨床觀察，擁有完美主義特質的媽媽通常比較不好睡，情緒也容易焦躁，自然影響跟孩子之間的互動。試著練習不完美的生活，像是碗盤堆在水槽，晚上再一次洗，或者經濟無虞的情況下，請家電代勞，像是洗烘碗機。

以心理健康來說，這時候媽媽能不能看著孩子的眼神、表情，給予溫暖的回應，對孩子後續的情緒人際發展很重要。孩子此時的正向回應，常能沖淡很多生活中的疲憊與挫折。

還有，常有人覺得只要孩子開始上幼兒園，媽媽不就有自己的空閒時間？這不一定，因為接來送去，本身就很花時間。時間變得碎片，在時間規劃上要更有邏輯與效率，而且不穩定度更高，有時孩子常生病；有時要上學；有時在家，在時間規劃上會增加難度。像是有的媽媽說了，孩子上幼兒園，因為同學間交互傳染，在家生病或隔離的時間，反而比實際上學的日子多。

（孩子上學之後，也有的是更常生病。然後，帶著孩子頻繁跑醫院，全家輪流中標，不一定好過多少！）

有些媽媽喜歡比孩子早起，雖然這還滿考驗意志力。不過，**早起半小時，靜靜心、拉拉筋，或者悠閒吃早餐、喝咖啡，這種美好的開始，對一天的忙碌會有幫助。**

也許這些整理，能給予媽媽們一些實際的支援與支持，家人也有個具體的努力方向。祝福您！

## 或許越想要當好父母，越沒辦法放手讓孩子飛翔

在舊的親子關係裡受傷，就想在新的親子關係裡獲得治療痊癒，久了便成了強烈的執念。

我們在乎一段關係，跟在乎這段關係裡所扮演的角色，好像時常不太能分開。想要當好父母，當然要有相應的子女角色啊。那麼，有沒有可能想當好父母的父母，面對子女想要漸漸疏離這段關係的時候，會有極大的焦慮？

《玻璃城堡》這部電影，在講一個關於家庭的故事，描述富裕美國印象的另外一端，位於貧窮線以下的家庭面貌。這個故事花了很多時間，在描述一個女兒所看到的父親——內心嚮往自由，卻在現實中不斷逃避的男性。

這種男性的形象，多看幾個家庭，大概不難找到。只是沒那麼極端、有張力，或者能像故事裡的父親的個性這麼鮮明。

很有趣的是，這位父親想逃離自己的原生家庭，卻緊緊抓住自己的子女，不願他們離去。這種雙重標準或矛盾，在家庭裡相當常見。或許，可以這麼解析，在舊的親子關係裡受傷，就想在新的親子關係裡獲得治療痊癒，久了便成了強烈的執念。

有時候，原生家庭帶給我們的嫌惡感，令我們一逕地往某種反方向跑開。有多遠跑多遠，跑得氣喘吁吁，可是，那或許恰好讓我們失去自己。

多一種方式來說，由於逃避而進入另一種生活，跟因為喜歡而擁抱一種生活，是不太一樣的歷程。一種主要是以恐懼作為驅動；另外一種則充滿好奇、冒險，以及興致勃勃的期待。

還有另一個點能著墨的是，**當我們曾經因為被一個人崇敬而充滿力量。那麼，當這個人開始厭棄我們時，那種否定會直接打擊到生命的根底**。如果用三十年來看待一段親子關係，幾乎可以說，這種波濤來襲，就像月有圓缺，不是來不來的問題，而是它終將會來，端看它來的當時我們蓄積了多少能力承受的問題。

**如果只依賴關係而活，而少有自我，一有波濤，自然容易沉溺在闃黑的大海裡。**

這個故事，演示了理解、諒解、和解的完成歷程。雖然不是直線前進，但是反覆迴旋，還是讓我們看到了難得的和解，在父親生前以及死後，這段歷程都依然持續著。

當我們願意直視過去的痛，這痛才有機會轉化。主角經歷的轉化，動人而難得，有幸化成了文字與影像，讓我們得以從中汲取智慧，藉以面對自己。

當我真正開始愛自己，
我才懂得，
把自己的願望強加於人，
是多麼的無禮，
就算我知道，時機並不成熟，
那人也還沒有做好準備，
就算那個人就是我自己，
今天我明白了，這叫做
「尊重」。

——查理卓別林

# 要求就是一種家庭勞動

「要求」這個行為的本身，
就是媽媽的家庭勞動之一。

有爸爸曾經跟我抱怨，真的不是不做家事，而是太太的標準很高，他怎麼做都被嫌棄。既然做也被嫌，不做也被嫌，乾脆不做，日子比較好過。

所以我並沒有特別仇男或仇女，儘管我比較常用媽媽的視角看家庭，但我很清楚有些爸爸一樣對經營家庭有心。我都盡量給予為家付出的男性鼓勵。

不過，男性有一種態度，時間一長能慢慢看出來。在家事方面，大半來說，男性真的比較被動。

好像一定要媽媽說出口，爸爸才要做。為什麼在這邊特別要用爸爸跟媽媽這樣的說法，而不是先生跟太太？

是因為家裡只要有小孩，家庭勞動就會突然暴增。兩人世界真的能濃情蜜意一些，「你來煮飯我來拖地」，分工是相對容易的。可是照顧孩子再加上大量家務，幾乎可以說是沒有止盡的，只要你想做，家事根本做不完。

那麼，**當爸爸被交代一件事，才會做一件事，還一付心不在焉，或者根本不甘不願的時候，「要求」這個行為的本身，就是媽媽的家庭勞動之一**。因為還要開口要求爸爸，好像必須要拜託的感覺，會立刻有一些委屈情緒；明明是爸爸也應該參與，還要用請求的態度，想到就生氣。

由於這些情緒壓力，不如自己動手做了，心情上還比較輕鬆。有媽媽說，要做的事那麼多，如果爸爸態度被動，每一件事都要要求，那很累耶！

可是，那股氣憤難平。因為真的都沒有要求的時候，爸爸就會悠哉悠哉回房間休息，自在地滑手機，或者喝喝飲料看電視，或半躺在沙發上，享受男性獨有的「回家之後的放鬆」。

爸爸面對家務的態度，也會影響到孩子的想法，認為做家事都是媽媽的事情。有個爸爸還會裝一裝，要孩子體諒媽媽，幫媽媽做家事。媽媽又好氣又好笑，爸爸自己不做，用嘴巴叫孩子做，這樣有比較好嗎？

當職業婦女的媽媽，常有一個共識：不管在哪裡都是上班，差別只是在公司上班，還是在家裡上班而已！

所以我認識有一位媽媽，最期待的一件事，就是爸爸出差。天啊，不但不需要伺候「老爺」，還不用看了心生厭煩，不用怕家務不做，就有人指指點點。這種幸福感，說起來真無奈！

有媽媽說，在婚姻裡的第二個十年，已經有了類似男生當兵等退伍數饅頭的心態。每天在算還有多久時間，孩子能長大，自己能自由。到時候，一定要把自己的人生找回來！

不過，真的別以為媽媽就只能當受害者，不少媽媽只要找對人盡情抱怨後，心情紓解了，「看開點就好了」。還真的嘰嘰呱呱後開始回復活力，又是好漢一枚，繼續帶著在現實中磨練出來的幽默感，繼續為家庭奮鬥。

所以對照在研究調查上，通常多數女性對於婚姻滿意度都不會太差的數據，我只能說，女性的心理調適能力，真的讓人佩服得五體投地！

---

P.S.

不過，如果參考離婚率與生育率，我猜測婚姻滿意度的調查結果，可能有「社會期待」的影響。換句話說，即便對婚姻不那麼滿意，對著外人，也要有正面回應，講自己對婚姻不滿意，感覺好像讓自己更不快樂了。

# 您做好家事了嗎？

認識自己，包括覺察情緒變化，
讓自己心情保持穩定，才能「做好家事」。

「什麼叫做家事？」

這句話可以有兩種解讀，一種是「什麼叫作『家事』？」，另一種是「什麼叫『做家事』？」

先從第一種解讀談起，我跟朋友們重新定義「家事」的範圍。譬如一家人出去旅遊，那麼規劃路線是家事，幫忙買票、查景點，也都是家事的一環。

**家事，是維持一個家的運作，讓家人相處和諧、平安健康要做的事**。

那麼，我們把第一種解讀定義清楚之後，我們就能理解，做家事，不是只有拖地、洗衣、煮飯、倒垃圾這些事。擴大來說，養兒育女是家事，相約一起外出運動是家事，花時間聽一聽家庭成員的心聲也是家事……

傳統上定義的做家事，其實很沒成就感。責任很大，沒有休假，有形的報酬不多，又容易被嫌棄。

以前談做家事，很像是一種責任制。不但做不完，又可能讓人過勞過累，還會牽扯很多情緒，因為誰都可以對做家事的人有意見。像是飯不好吃、衣服還沒乾、襪子找不到……，連年齡幼小的孩子都可能有所抱怨，容易讓做家事的人感到辛酸委屈。

所以讓孩子做家事，那是教育他們承擔責任很重要的教育方式。因為實際動手做事的人，可能會被批評，或者被當成理所當然，那自然會體會到做家事最多的人的心情，還有進一步更細膩地談家庭中的人際互動。像是請求協助，或者詢問相關當事人，某一件事，要做到什麼程度才算是被接受？

我們稍微把話題扯遠一點，因為家事做不完，怎麼樣算是把家事做好的標準，都很模糊，因此做家事的人，通常是媽媽，常在不清楚自己能耐的情況，盡一己所能地做，往往還得不到肯定。那麼，在心理上就容易落入一種空虛、委屈、憤怒等的狀態。

其實，很多事本來不是努力就一定會有想像中的收穫，例如做家事正是這種狀況。而且一旦沒那麼努力了，可能會開始被別人指責，好像之前努力的，都不算數。以前很少人探討心理層面的東西，比較難好好照顧自己。現在相關資訊多了，就要知道超過自己能耐的事，坦承人的有限性，勇於請求協助並不羞恥。

要能經營一個家，願意給予承諾是很重要，承諾則與責任關係密切。

也就是說，平常事務雖有分工，但當我們的家中成員，**誰有空閒了，便拿餘力為家裡貢獻，這是作為一個家庭成員的自覺，這同樣可以說是進入家庭的承諾。孩子要被教育這個觀念，大人要知道當榜樣**。

廣義來說，這種家庭教育，一樣屬於家事的一部分。所以認識自己，包括覺察情緒變化，讓自己心情保持穩定，才能「做好家事」，這個邏輯就可以說得通了！讓自己變得怨念沖天，對家庭的好處不大。

以前的人曾經走過的辛苦道路，我們看過了，不想再這樣活。那麼，現在藉著知識的幫忙，有機會可以試著讓自己更好。而不是讓我們再活出同樣的艱困，再把勞苦的樣子複製在下一代。

## 您喜歡母親節嗎？

責任感越重的人，自責感越重。
那麼，對孩子的遺憾與歉疚，隨手抓就有一大把。

母親節快到了，一些媽媽或子女，都有類似的反應：不喜歡母親節！

做子女的不喜歡母親節，也許跟感受不到母愛，或者曾經接受到很多來自母親所給予的挫折有關。印象中。以前有一位朋友，每逢節慶時都會抖著手打電話回家，常是面對一連串批評、咒罵，還要一再地說「我知道了」，父母才會饒過她，她才能停止對話。

而做媽媽的不喜歡母親節，可能是感到氣氛虛假。有一位媽媽提到，母親節常推銷的很多禮物，像是廚具、家電之類的，這不是要媽媽做更多家事，或者把家事做得

更好嗎？這種母親節，有什麼意義呢？

我想到某一年，某一對親子跟我談兒童節的事。

孩子說，他討厭兒童節，因為要上台表演。小孩不想表演，老師又一直要媽媽勸兒子認真練習，媽媽覺得很苦惱。費了好大的力氣，條件交換一大堆，孩子才勉強上台演出。反正站在最後面，沒什麼人看見，手揮一揮，算是表演了。

可是媽媽印象很深刻，校長在表演開場前還說：「看到孩子的笑容，就是最佳的兒童節禮物……」

媽媽聽了快要吐血，她寧願不要這種禮物。這種表演，主要用來取悅大人，講成孩子好像很樂意表演一樣，她不相信只有她的孩子有這種狀況，而且，她也不認為別人的孩子一直練習表演，會感到很開心。

「職位越高的，話說得越假。還是說，把這種場面話講得越漂亮，就越能被認同?!」

她苦笑著說這段話時，已經是體會得很深刻了，因為工作的關係，也見過不少場面。開會的時候，越會講空話的主管，有功就攬，有過就閃，越是在職場上活得生猛健康，果然很有「生存智慧」。

我談不上喜不喜歡母親節，但我喜歡這個節日帶來的意義，能讓我們重新去省思這個角色，以及藉著這個角色，來讓我們認識自己。事實上，有些朋友真的是有心要藉著機會，感謝媽媽。

然後，母親節這個時機點，或許是把「媽媽」這個角色穿戴在身上的朋友，重新調整自己的時候。因為每過一次母親節，孩子就長了一歲，孩子變化了，互動的方式也相應著，在一些細微的地方，會需要重新調整。

像是孩子大了，是不是要把多一點時間，放在自己身上？放在「媽媽」這個角色的心力，從「媽媽」這個角色獲取的價值感，是不是有其他角色能代替？空巢期一眨眼就到了，面對老去，我們準備好了嗎？

或者說，當「媽媽」的挫折感，要準備坦然放下了。知道自己沒扮好這個角色，不是世界末日。經驗告訴我能反省到這個程度的人，願意面對自己不足與愧疚的人，通常比那種不知不覺的人好很多——至少能慢慢停止孩子不喜歡的互動方式。

**責任感重的人，抓在身上的事就多，難免多做多錯。於是，責任感越重的人，自責感越重。那麼，對孩子的遺憾與歉疚，隨手抓就有一大把。**

孩子大了之後，那些自責的力道，試著輕一點吧。心是肉做的，會疼的。角色扮演，有時候是可以重新開始的，也是可以分階段的。

有些母女關係的修復，會來得很突然。像是當了祖母之後，對孫子放心說愛的自在，也許對女兒表達不了，但做為媽媽的女兒感受到祖母對孫子的愛之後，可能有了替代性的彌補作用。

過去的種種，不是那麼容易一筆就能勾銷。不過，不管扮演哪種角色，都能傳達善意，善意來自愛自己並推己及人。角色有時候只是個社會符號，不一定要隨時在角色裡，才能把人與人之間的互動圓滿。

即便是媽媽，也能在一時半刻跳出來，輕輕鬆鬆跟孩子聊天。互動只要愉快，是不是母親節，是不是扮演好媽媽的角色，都不是那麼重要了！

# 被自己的孩子看不起，可以如何調適心情

那種怒氣包含著父母對衰老的恐懼，以及心理上沒有準備好的受挫感。

看到一位中年媽媽員工，時不時就被老闆罵。雖然聲量不大，但那張嚴峻的臉，還有不客氣的用詞，確實是「罵」。

某次，又再去她們店裡，那位中年媽媽員工似乎被辭退了，老闆的臉開始有了久違的笑容，她們幾位員工，一來一往地討論著中年媽媽的「狀況」。其實，我觀察了幾次，也看出了中年媽媽員工的困境。

不是不認真，而是反應慢、組織能力比較弱。不知道是這位中年媽媽員工本來能

力就如此，還是年紀到了開始退化？

中年這個年紀，雖然沒多老，但也不年輕，腦力、體力的衰退比以前更明顯，每個人的速度不一樣，身在中年的人比較容易感受。有些中年人衰退的速度，真的連自己都會嚇到。

然後，如果此時孩子正好進入青春期，那實在很「刺激」。我講白一點，這位中年媽媽員工的狀態，就很有可能被體力正處於巔峰，腦力正快速發展的孩子，偷偷在心裡看不起。

被自己一手帶大的孩子看不起，對大多數父母來說是一件很難熬的事。在生活中，某些父母被孩子嫌慢、嫌笨、嫌健忘，會激起很強大的怒氣。那種怒氣包含著父母對衰老的恐懼，以及心理上沒有準備好的受挫感。

衰老通常是不可逆的過程，孩子能力的增長也幾乎是必然發生的事。如果父母不面對自己的情緒，玻璃心的狀況就很難避免，本來是溝通說理，最後容易演變成自尊保衛戰，像是講不贏孩子就說態度不好。

特別是父子關係，容易出現想要打壓孩子證明自己寶刀未老。有時候比賽玩遊戲，如果大家的態度輕鬆，那也是生活情趣。但如果放了太多的情緒，輸了不甘心，會想要從其他地方贏回來——這裡面有不少負面情緒，可能來自於講理講不過對方的受挫，或者其他身心能力的展現上，親子之間開始出現落差因而感到焦慮。

所以很多教養理論，必須把父母跟子女的狀況一起考慮，不是單方面討論要怎麼教。因為教養就是一種互動，互動本來就是雙方的困境都要處理。

有時候，某些父母想要在家中當王，彌補社會上跟他人互動的缺憾。可是，當「長江後浪推前浪，前浪死在沙灘上」的歷程啟動之後，父母以前未完成的功課，就會帶著比較強的情緒，迎面而來。

有些父母，則是太快放棄自己，一下子把自己想得太弱了，慢慢轉變成對孩子的依賴。有些親子，關係演變歷程快一點的話，在青少年時期就看得到角色的逐漸互換，孩子變成心理上的父母，父母變成心理上的孩子，特別是孩子能力特別好，父母依賴性又比較重、能力比較弱，或者有身心疾病的情況。

我想到一對母女，媽媽有精神上的困難，但看得出來，媽媽很期待能幫助孩子。我跟媽媽說話的時候，講得稍難，媽媽就會聽不懂，差不多超過國小程度就不行。可是，媽媽聽得懂的部分，會認真執行。

孩子小時候笑起來超級可愛。等日後不經意再看到孩子時，我猜孩子差不多高年級了，個頭比媽媽大，在人群中保護著媽媽。

現在想起來，我有種疑惑：為什麼家庭環境不好，有時候生的孩子還特別多？

我主觀猜測那可能是因為期待整個家，能靠孩子來翻轉，有個希望在前方，實在誘人。雖然在大部分情況下，大家都不好過的機率比較高。

接受自己的狀態，知道就好，不用給太多評斷。評斷時常會累積情緒，容易不小心被引爆，那是因為自我評斷已經預先把地雷埋好，不注意就可能踩到。有多少能力做多少事，多注意過程而非結果，看見自己的努力與進步很重要。方向對了，儘管走得比以前慢，日積月累的路程還是很可觀。

另一方面被嫌久了，其實也不會怎麼樣，習慣就好，雖然剛開始不太舒服。對自我的認識足夠，就沒那麼輕易被動搖，也不會急著想證明什麼。如果孩子跟我們相處，不需要一直動員情緒，那就是雙方接受事實，踩穩現況再前進。誰強誰弱，或者哪裡強哪裡弱，其實也不太重要。

有時候會很自豪地覺得，我唯一的優勢就是，比你卑微。於是自由。

（扎西拉姆．多多）

想法有不同面向，我們可以挫折於自己的衰退，轉過身，我們也可以為孩子的成長高興。讓我們有多一點機會選擇適合的想法，而不是被某些想法限制我們的人生。

# 你不需要成為什麼我們才愛你，我們愛你因為你就是你

你不需要和別人作比較，也不需要比誰好。我們就愛你這個樣子。

跟朋友們討論，我們可以感謝孩子到這個世界，讓我們進入一段人生少有的親密關係。我先示範能夠怎麼表達，可是有位朋友表示，他說不出來，不知道是不是與我們的文化向來不太鼓勵男性表達情感有關?!

剛好，之前跟另一位朋友討論長年陪伴她的一本書《NAMASTE 生命喜悅的祈禱》（慈訊出版社），作者是沈妙瑜。書裡有一段祈禱文，與感謝孩子有關，可以照著文字唸出來，或許能稍解一些情感表達的障礙。

有朋友提到，他們跟孩子念這一段祈禱文，孩子確實有正面的回應。有些建議，把「『我們』愛你」，改成「『爸爸媽媽』愛你」，拿掉「我們」的代名詞，讓感情的主詞更直接。然後，試著印在紙上念給孩子，而不是看著手機念，可能這樣比較不會讓孩子分心搶手機。

我相信文字的力量，透過自我對話，能影響我們自己的心性。也有機會透過我們的情緒與溫和語調，影響孩子，進一步讓孩子感覺得到陪伴與被愛。

對我來說，「祈禱」不一定非得信仰某個宗教才能進行。祈禱可以視為一種自我對話，而自我對話常能引導我們的生活節奏，還有引發情緒的效果。

以下面引用的祈禱文來說，我自己在心中默唸的感覺，是能引發對孩子的慈愛心。然後它提醒我，我是否記得對孩子傳達無條件的愛?!

我建議，各位朋友在實際使用時，也可以依據各位認同的價值觀，進行修改。如此，讀起來會更真摯。

只靠自己說，又說不出口。那就用念的，也許是個替代方式。

因為篇幅有限，只摘錄其中一部分。當我們對孩子失去耐性的時候，或許這是一個讓我們重返平靜慈愛的方法。

〇〇〇，爸爸媽媽的心肝寶貝。
很高興你來到這個家。
你是個多麼可愛的寶貝。
我們很高興成為你的父母。
很感謝你的陪伴。
你是獨一無二、最珍貴的寶貝。
你是健康可愛的乖寶貝。你是爸爸媽媽的心肝寶貝。
你不需要成為什麼我們才愛你。
我們愛你，因為你就是你。
你不需要和別人作比較，也不需要比誰好。

我們就愛你這個樣子。

我們會盡我們所能讓你感到安全與被愛。

你是蒙受恩寵的。你是蒙受祝福的。你是被深愛著的。

這個家因為有你而更幸福、更溫暖。

我們真的很愛你。我們就是愛你。

寶貝，有你真好。

我們會珍愛你一輩子。

寶貝，爸爸媽媽愛你。寶貝，感謝有你。

（沈妙瑜《NAMASTE 生命喜悅的祈禱·寶貝，有你真好！》）

# 當媽媽其實是一種心情

媽媽的難為，在細膩之處，常常突然出現兩個相互衝突的考量，以至於做了讓自己後悔的決定，那是常有的事。

當媽媽其實是一種心情，這是我跟她聊完的感覺。我在講界線，她臉上冒出三條線，千萬般為難，唉，這我明白……

有些人當媽媽，會體驗到前所未有的狂喜。有些人則因為生產過程賀爾蒙的變化，人生第一次陷入憂鬱。有些人因為喜愛孩子，被牽扯出內心最強的恐懼。有些人則因為孩子的無心言語，頓時陷入難以自拔的憤怒。

所以，當媽媽其實是一種心情，沒有當過媽媽，要一次把這些情緒充分體驗，也很不容易。情緒的強度異常強大，也複雜，可以同一時間糾結在心裡。

我這個男生（其實到現在還有人以為我是女生），通常把理智供在我的最前面。不過，偶爾跟媽媽們一起進入這種狀態時，我的一雙眼眸也會含著淚。

我知道界線好難，因為這些情緒，常衝得心很亂。平常要練習，靜靜心、跟情緒共處，才能在驚滔駭浪來的時候，抓穩這條船，船上的大大小小也才能平安。

有些話，講了怕孩子受傷，不講又怕孩子空期待，進退兩難。所以當媽媽這種心情，特別矛盾。孩子小的時候，照顧得很累了，希望孩子趕快長大。孩子長大了，看那張機車的臉，又覺得孩子小時候真可愛。

**新手媽媽掙扎著學習的，常是成為一個可以被依賴的對象。孩子慢慢長大的過程，手還要一點一點放開，讓依賴成為不是孩子的必然。**

這個過程，真是虐心啊！

如果一個人，說他人生平平順順，沒經過什麼風浪。那麼，叫他去當媽媽，保證他「叫毋敢」（台語）。

當然，不是每個媽媽都這樣。也有媽媽只覺得孩子煩，沒有狂喜，也感覺不到愛，只覺得自己不夠被愛，這也是有的。

不過，當媽媽是人忙事繁，負面情緒多其實很自然。只要一個人帶三個孩子以上，沒有人幫忙，保證常在旁邊喘。

我一向不把媽媽這個角色神化，可是我依然能持續感覺到媽媽這個角色的偉大。媽媽的難為，在細膩之處，常常突然出現兩個相互衝突的考量，以至於做了讓自己後悔的決定，那是常有的事。

我一直是「媽媽」這個角色的觀察者，這麼多年了，依然不斷從這個角色學習人性，還有愛一個人的不同層次。

---

P.S. 剛剛看到「一雙眼眸也會含著淚」，是不是有人在笑？是不是有人想到少女漫畫裡面的人物？兩隻眼睛大約占了臉的一半，然後眼睛裡面好像同時有好幾個瞳孔

那樣？我偶爾也有少女心，我確實也有雙含淚的眼眸，特別是眼睛很乾的時候。

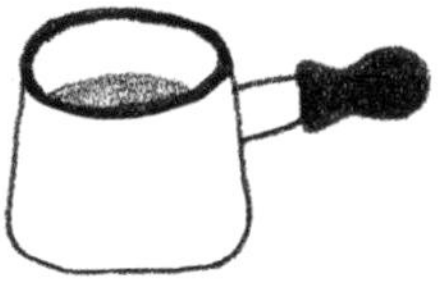

# 小事也會壓死人

她知道可以試著做自己，
可是她寧可妥協求和諧，這就是她想要的世界。

過年期間，她的苦惱主要是「移動」這件事。兩個學齡前的孩子，加上自己，以三天兩夜來算，換洗衣物、玩具、乾糧、礦泉水、幾本書……，差不多兩個行李箱。

後來，她先生覺得太誇張，兩個行李箱在攜帶上也有些困難，改成兩個大行李袋。她先生會自己處理行李，因為她先生嫌她不會整理，常常忘東忘西，不該帶的東西也帶，而且她先生平常會出差，已經養成自己整理的習慣與邏輯了，反而不喜歡人家幫他處理。

他先生有點強迫傾向，要帶什麼，都會寫清單，一一核對。相形之下，她常忘東忘西，常要出去再買，所以常被先生罵。

「一點點小事也做不好！」

她坦承，她是真的沒有那麼嚴謹，是想到什麼再帶什麼。可是，她一個人處理三個人的東西，那可不是她先生想像的那麼簡單。

只講衣物好了，短袖、長袖她都得準備，怕變天、怕預報不準，如果要去海拔高一點的地方也不好抓氣溫。以長袖上衣來說，也有厚薄之分，天氣偏涼，就要帶厚一點，天氣偏熱，那就要帶薄一點。以外套來說，也有薄外套、厚外套、羽絨衣的不同……

如果只準備大人的東西，真的簡單很多。但偏偏這個講法，她先生不接受，然後叫他來準備小孩的東西，又說他不熟（裝死他最會），還是要她準備。因此簡單來說，她就是沒辦法擺脫被罵的角色。

（「移動」絕對不是只有行李這種事要注意，大小雜事很多，只有小事堆起來也能壓死人，人不在其中很難說明白！要管孩子大便、尿尿、吃飯，孩子如果一有咳嗽、打噴嚏，沒多去注意，可能晚上就中標，怕孩子玩太嗨；晚上不好睡；作惡夢；怕孩子穿錯鞋子，不好走路會跌倒……）

小孩又不喜歡穿外套，天氣如果不算涼，就都放在行李袋裡。加上她自己的，三件外套就可能占掉半袋空間（還要看厚薄，所以不一定），她怕孩子臨時有需要，寧可多帶。

「就跟你講不要帶那麼多，你就不聽……」

像這句話，她聽到耳朵都已經長繭了。她覺得每次出去玩，就可以顯現出她跟她先生的差異。當然，她也常常反省，自己這樣到底對不對?!

當媽媽的人，出去玩的時候，常常在意的是小孩開不開心，而不是自己開不開心。可是，當爸爸的人，如果自己不開心，就不太想出去玩。

（當然也不是每個爸爸都這樣，更不是每個媽媽都以全家為重，但這樣的男女差異偶爾會聽說。）

這個觀察，她有跟她先生說，但她先生否認。可是從行程規劃就看得出來，如果沒有他想玩的，他會很不耐煩，意願很低。可是，她在規劃行程的時候，想得都是整個家的氣氛，大家開心她就開心。她寧可被罵，也怕臨時有個萬一。如果孩子臨時需要什麼，她能拿得出來，她就覺得很值得，即便常常帶出來的東西用不到。

才會說媽媽都先犧牲自己，因為只要先生、孩子開心就好，她都能配合，包括配合被她先生罵，雖然壓力很大。她也跟自己說，這是小事，她先生也可能是藉著罵她，在發洩情緒，氣沒出在孩子身上就好，過了就算了。

她知道可以試著做自己，可是她寧可妥協求和諧，這就是她想要的世界。也好，都是個人選擇，做自己也可以有很多種樣子，說不定她先生懂得珍惜她這樣為了家庭想，在心裡面特別感動，只是沒說出來而已。

# 亂糟糟但舒服的居家媽媽

生活有很多選擇，
放不下，其實就是自己折磨自己。

她家真是亂，但亂中有序，一切以舒服為考量。孩子還小，衣服也是簡單舒服就好，不刻意求美觀。

衣服多買幾件，累積大量再一次清洗。有烘衣機，所以快乾、好整理。

她注重營養，但不在意菜色變化，餐桌擺出來永遠固定那幾樣，方便好料理為佳。小孩愛吃，先生沒意見，她也自在。她理家的方式，是只用少量的時間，在有限的選擇裡做決定，自己跟家人都能接受就好。那空出來的時間，拿來做什麼？

只專心做好兩件事：陪伴家人、陪伴自己。

跟孩子玩，跟先生講話，是她必做的事。另一個必做的事，就是看書與塗鴉，娛樂自己。

她有一些很少見面，但情感真摯的友誼，她不覺得自己缺朋友，平常很少花大把時間跟人家三姑六婆。不必要的關係，對她來說，都是負擔，禮貌性往來就好。

孩子吃得全身髒兮兮，她也沒有急著要處理。她沒有潔癖，衣服上有很多難洗的污漬，她也不會發脾氣。

別人的眼光只是參考，人前她配合裝一下。但是如果別人太過分，她下次會直接不出席聚會。不想委屈自己，也不想委屈家人。**生活有很多選擇，放不下，其實就是自己折磨自己**。她沒礙到人，不想管別人，也不想被管，這是她的處世原則。

少到風景名勝玩，更沒出過國，凡事做得到就自己來。最常去附近的公園動一動，那也是孩子的遊樂園。

一般人的愛，對她來說，過於黏膩。

她很愛孩子，但孩子沒來找她，她也不會打擾，不特別去引發互動，把時間留給自己，做自己的事情好好休息。她愛先生，但她不喜歡跟先生抱怨東、抱怨西，每個人都有自己的壓力，她希望自行處理，她跟先生都有這樣的默契。

為什麼要這麼做？沒有抱怨，那跟先生要說什麼？

分享啊，有很多事可以分享。她先生的興趣她知道，她的興趣她先生也明瞭，說一些彼此感興趣的話題，兩個人一起哈哈大笑。

都成年人了，老是要人來安慰，要人家來說好話，是長不大嗎？

她知道很多人不會認同這樣的觀點，大部分人都要別人來滿足自己。她的體會是，那是沒把自己照顧好，不面對屬於自己的難題，要別人來處理。她偶爾會安慰她先生，她先生也偶爾會安慰她，那都是彼此主動，也有心情這麼做的時候。兩個人都努力圓滿自己，再來產生連結，會穩定輕鬆得多。

**很多人不清楚自己的能耐，有多少能力做多少事，就不會把自己逼到懸崖。如果不去做不是自己的人，不刻意偽裝什麼形象，會多很多空間可以揮灑。**

**欲望不多，生活就很自由。**把時間都留給重要的人，包括自己。人這一生，就是來體驗這些歡笑溫馨的甜蜜，隨緣自在，逍遙過活。

## 把功課做好是誰的責任

為自己負責就好，能往前就繼續往前，不能往前就隨緣。

她真的是厭倦了，每次叫孩子寫功課，就是拖拖拉拉。好幾次都差點失手打了孩子，這一點讓她很自責，又很苦惱。

跟別人討論的結果，她才恍然大悟——因為她心裡隱隱覺得，督促孩子把功課做好，是她的責任。可是，她在理智上很清楚地知道，是孩子要負責自己的功課。

所以，她下定決心，跟孩子討論回家之後的作息，要把責任還給孩子。

這有幾個前提，是她覺得孩子如果認真完成所有功課，其實用不到一小時，孩子也沒有學習障礙，即使覺得困難的部分，都可以來問她，不過通常機會不多。老師的作業量也適中，孩子的體力上沒什麼太大的問題，何況又沒有安親補習，可以用來完成功課的時間不少，功課完成後還有不少玩樂與運動的時間。

那麼，她覺得她可以堅定地要孩子為自己的功課負責，她先把什麼時間要做什麼事，不但寫成文字，還畫成圖，貼在家裡顯眼處。事前先跟孩子討論過，孩子也覺得自己做得到。她說，以後如果沒在九點以前寫完，她就不簽名了，並讓爸爸一起配合，都交給她全權處理。

實施的第一天，孩子果然又拖了。畢竟習慣很難改，而且那時候已經學期中了，羅馬不是一天造成的。狀況很慘烈，五天大概有三天沒簽到名，至少剛開始的時候是如此。老師「叮嚀」家長，希望家長督促孩子完成功課，但她跟老師說明她的態度，老師也只能在聯絡簿的家長簽名處蓋上「請家長簽名」的章，沒再多說什麼。

老師念孩子，孩子回來轉告她。她只溫溫地說：「以後這件事交給你自己處理，功課有不會的地方再來問我！」

當然，她這麼做，立即收到的好處是，再也不用為功課大發脾氣，親子關係也提升一些。這些好處，讓她心裡不斷湧現的罪惡感得到平衡，其實好幾次都忍不住要孩子把功課拿出來。每當這時，她就深呼吸，再鼓勵自己是在教孩子自律。

事情不是一下子就能順利的，孩子到學期末，聯絡簿還是會沒簽到名，雖然頻率少了一些。新學期開學前，她再重申一遍，希望孩子為自己的功課負責，孩子也覺得自己應該做得到。

唉……，開學又一樣，五天裡面，大概有一、兩天沒簽到名。有個重要的轉機出現，不知道是不是上天幫助她，孩子在乎的某個同學，可能是看到了孩子的聯絡簿，直接說：「啊……你爸媽怎麼沒簽名?!」

孩子覺得很丟臉，回來跟她講。從此之後，孩子改善了不少，雖然偶爾還是會沒簽到名。後來，她覺得孩子的改善狀況已經夠了，她滿意了，把簽聯絡簿的標準放寬到晚上十點，之後就很少聯絡簿沒簽名的情形了。

**如果我們不自覺地要把對方的責任往身上扛，但在理智上又覺得對方該負責。那種錯亂容易讓我們心煩，還有讓我們逃不了的自責，讓我們有罪惡感。**

她其實很幸運，有了想要的結果。不過，並非事事盡如人意，如果能量再少一點，孩子的堅持度再高一點，爸爸不想配合，沒有同學那句話，條件不俱足，她也很難把體會貫徹到生活。

反正最差不過也就是天天活在心煩與自責中，把自己跟孩子的人生拖到孩子終於出社會的時候，就算告了一個段落。這樣也能活，也是一種人生。能接納自己做不到，知道自己被念頭綁住了，這樣就夠了。不是我們注意到的每一個方向，都有辦法做到極致。

我們用這個角度看自己，便能寬容一點看身邊的人。然後，知道我們功課只能做到差不多合格，為自己負責就好，能往前就繼續往前，不能往前就隨緣。

# 如果給媽媽一天時間會怎麼用

真的不要忘了經營自己的精神生活，學會獨處通常就能學會休息，一個人又特別自由。

母親節的時候，以我對媽媽們的理解，如果能給媽媽放一天假，能完全讓媽媽自由規劃，那比母親節大餐，或者送禮物，更是省錢省力又實際。有的朋友是舉雙手贊成，但有的朋友卻有其他顧慮。

這些顧慮我能理解，就是長久綁在家庭裡，真的突然有一天的空閒時間可以自己運用，實在不知道要幹嘛。關在房間追一天劇也不錯，可是老公、小孩又會來找，就不太有放假的意義了。出去哪裡，都要花錢，也已經不確定自己喜歡什麼，或者說以前喜歡的，現在興致沒那麼高了。

一想到要花錢，就想到孩子將來的開銷，一整個家的花費。平常也沒經營人際關係，出去不知道找誰。要不然就回娘家，幫自己的母親慶祝母親節，不是不可以，但也是勞民傷財，心境上也不是放假了。

所以啊，當媽媽的其中一種辛苦，是淘空自我到最後，不知道怎麼跟自己相處！當然不是要鼓勵媽媽敗家，也有少數媽媽花錢的方式很誇張，但大部分媽媽花錢在自己身上會有一些罪惡感，整個人放不開。可是，把它想成是母親節大餐省下來，至少換一次下午茶，這不過分吧?!

先去書局挑本書，約一小時，差不多三百塊以內也能解決。上網查一家自己喜歡的咖啡店，喝一次下午茶，靜靜地閱讀，假設兩小時。沿路走走看看，觀察一下路上的行人，看看商店流行什麼，這樣又一至兩小時。如果自己吃一頓飯，又可以再一至兩小時。簡簡單單，一個下午的時間過去了，晚上再回家，不用洗碗，老公小孩吃自己，多愉快啊！

如果不想花錢買書，到圖書館借也是一種方式。學著使用公共資源，不一定要花很多錢。

真的不要忘了經營自己的精神生活，學會獨處通常就能學會休息，一個人又特別自由。我們常因為種種不敢，而有各種不甘。

讓自己獨立是本意，順帶讓爸爸與孩子學著獨立，這是另一個驚喜。

他們也需要學習相處，找到互動的默契，這是一輩子的事情。我再強調一次，他們需要獨立，也要感受到媽媽不在生活裡的感覺，要自己想辦法面對沒有媽媽時的生活困境，這絕對值得體驗。

有人說，**媽媽像空氣，媽媽在的時候像隱形，但媽媽不在的時候像窒息。**

不過，也有些媽媽的體驗大不相同。像是有媽媽體驗到，自己幾天不在家，大家都運作得很好，這讓她開始思考，自己是不是做得太多？又有一位媽媽是體會到，媽媽不在，竟然是爸爸跟孩子最快樂的事情。在自尊受到打擊的同時，也開始自省，是不是要放過自己，多一點為自己的人生努力？

**一個人能獨立，才能回到家。**

媽媽**能在自己的心裡安居，才有平靜**。

以前有人說，媽媽在的地方就是家。這句話我們可以再想得更深入一點，如果我們就能當自己的媽媽，懂得自我照顧與自我慈愛，那我們不管在哪裡都有家。

不會獨處，那就有匱乏。不練習獨處，那就會生疏。

找不到興趣，表示需要培養。

**像我們的人生，如果沒把生活小事放在心上。那麼，每一天匆匆走過的每一分每一秒，總是看不清晰，也就看不清自己……**

---

P.S. 若是認真要安排起獨處時光，真的是花樣多多。例如，用運動照顧自己，是很好的選擇。有時候報名社區運動中心的課程，而且健身還可以交朋友，讓世界更開闊，這樣也不錯。

P.S.
以我自己來說，偶爾就會有單位邀請我去公益演講，聽眾只要報名，無須繳費。有時候與聽眾說說笑笑一下午，既紓壓也能得到支持，時間很快就過去了。現在免費聽講的機會不少，媽媽們可以善加利用。

P.S.
有朋友說，最好的母親節禮物，就是一天不用當母親！

你必須親自去發現什麼是你愛做的事，不要從適應社會的角度來選擇職業，因為那將使你永遠無法弄清楚自己到底愛做什麼。如果你真的愛做一件事，就不會有選擇的問題了。

——克里希那穆提

# 如何做一位有自我價值感的媽媽？

一個人要能自我肯定要有前提，是要有自立的能力。

一個人要有自我價值感，首先得要有「自我」。然而，「自我」這個詞彙，在傳統價值上都不是太好聽的話，特別是媽媽要有自我，那麼基本上會出現自私、不負責任等說法。

所以，一個媽媽如果依據傳統價值觀生活，那要怎麼活得出自我價值感？

我現在很少用「好媽媽」的講法來形容一位媽媽，因為「好」已經是有些主觀的價值判斷了。如果在傳統上的好媽媽形象，會具體清晰許多，像是照顧孩子無微不至，以先生與孩子為優先，犧牲自我、成就大家，甚至還要有沒時間照顧自己的苦情感（有這種橋段的影片，在母親節時播放最是催淚）。

現代職業婦女越來越多，在媒體上的好媽媽，常常要塑造出事業與家庭兩邊兼顧的「超級媽媽」。也就是事繁不亂、條理分明（最好職位高一點，比較有說服力），但一樣為了家庭、孩子疲累奔波，也是要犧牲自己，苦情的元素要多少放一點。

不管是傳統好媽媽或超級媽媽，女性常在先生的感謝與孩子的笑容中，尋找對自我的肯定。這跟我對自我價值感的了解，其實不太相同。

萬一沒人肯定咧？這個媽媽就沒有價值嗎？

所以有的媽媽到人生的下半場，才會感覺活得莫名其妙，孩子不常在身邊，跟先生不太常說話，自己根本不被重視，只是表面上占了一個「媽媽」的位置，在傳統上被視為偉大，但在現實生活中活著，常常有些空虛茫然。依據傳統價值觀活著的媽媽，最後換來的處境，可能是當初努力付出的自己，怎麼想都想不到。

尤其是把自己弄到病痛纏身的媽媽，表面上看起來好像很偉大，事實上帶給兒孫的壓力也很大。

不是每個傳統好媽媽都會活成這樣，而是個人境遇不同，自我價值感被綁在他人身上，那就可能對自己的人生沒有自主性、沒有選擇權。所以自己只能隨波逐流，碰到什麼是什麼。

他人的肯定是重要的，但更重要的是自我肯定。自我肯定的難度，在不同的環境裡有些差異，譬如媽媽跟夫家親戚住在一起，就是跟小家庭不一樣。可是，**自我肯定包含挑選適合自己的環境，如果我們任自己委屈，那也是我們的選擇之一**。

一個人要能自我肯定要有前提，是要有自立的能力。再講得具體簡單一點，要有可支配的時間與金錢。

媽媽出去工作，是一種選項。但是有些媽媽掌管家中財政（私房錢也存了不少）；有些媽媽有背景雄厚的娘家；有些媽媽對自己的工作能力有自信，只要自己願意，短時間內找到工作不是問題……

物質條件或經濟能力，是照顧自己跟孩子的根本。有經濟能力的媽媽，更能幫家人做長遠的規劃。

時間管理，則是媽媽很重要的能力。懂得說「不」，能區分「必要」跟「想要」，有些家務有訣竅，有些事會耗損過多的時間，走到一個點之後，時間再投入也差別不大，記得抓重點，先設心理鬧鐘提醒我們自己。

時間省下來給自己，記得運動，適當的運動好處很多。一個體力不足的媽媽，走不了多遠，在心理上也容易感覺沮喪無力。**運動能帶來平靜，專注在身體的經驗，那樣便很接近靜心，可以讓自己重新歸零，讓大腦休息**。

我所看到的高自我價值感的媽媽（當然，這是我主觀認定），是有時間有能力，去追求自己想要的東西。可能跟家庭有關，像是學習烹飪與烘培，那是帶著研究精神，只是家人順便受益。可能跟家庭無關，也或許有經濟上的收益，從事熱愛的工作，安排自己的旅遊，經營友誼、閱讀寫作，或學習才藝等。

一個人自立的能力，有自己能主導的追求或寄託，相對於只能當「伸手族」，相對於什麼都要聽命他人的規劃與安排，自我價值感的高低會有相當的不同。

我認識的一位媽媽提到，為了擁有自我，她得要抗拒讓自己坐在沙發上看電視，因為一晃眼一、兩個小時就不見，做自己覺得更有意義的事。也要有意志力，進行適量的運動，避免床鋪的誘惑。

所以，並不是下定決心就足夠，意志力要拿出來用。自己能讓自己更好，自我價值感才會高，才能談所謂的自尊、自信。

自我肯定地表達，包括願意傾聽自己的感受，跟家人約法三章。尤其在剛開始的時候，自我肯定地表達容易招來不是那麼好聽的言語，尤其一個女性要有自我，常意味著要跟傳統價值不同。

情緒壓力是比較大，不過不是做不到。而且一開始遊戲規則就訂好，之後互動就輕鬆很多，甚至可以得到他人的尊重。

一個有原則，但又不以傷害、剝削他人來造福自己的人，要得到敬重反而比較容易。如果遵循傳統價值，第一是拚盡全力也很難做到，第二是有些人就是要一直給予否定，這樣才能繼續要求別人犧牲自我付出，真有敬重，常常是表面講講，只要那個付出停了（像是生病，或者回娘家照顧父母），就會知道敬重真有幾分重？

**家人的尊重來自自重，我們認定自己做的事有價值，我們願意表現這樣的態度，這對孩子來說就是身教。一個媽媽很看重自己所做的事，比一直自我否定與貶抑的媽媽，對孩子的心理健康發展有更正面的影響。**

建立自我價值感，還能從很多面向談。包含時刻覺察自己的需要，試著自我滿足，經營精神生活，跟人有深刻連結，這些在不同的文章與書裡已經討論不少。

媽媽也可以拿回自己的生命主導權，媽媽也可以不用把所有的時間都拿去以孩子為中心，或以家人為中心。這也可以讓孩子知道，世界不是以自己為中心運轉（把孩子養得自我中心，對大家都沒好處），一個人活著也可以像媽媽這樣追求自我。

媽媽要扮演的角色眾多，且各個角色的壓力也大，沒有了核心價值，容易把自己搞丟了，迷失自我。

高自我價值感的人，對生命是主動的，而非被動等待。在生活中還是可以見到活出自我的媽媽，這種媽媽的存在不是神話，也許剛開始自我調整時會有些陣痛期，不過，經過悉心呵護的自我，人生的路可以越走越寬闊。祝福您！

我請你聽我說
你卻開始勸告我
我請你聽我說
你卻勸我不該那樣去感受
我請你聽我說
你卻覺得該為解決我的問題做些什麼

你並沒有做我請你做的事
其實，我只是請你聆聽
不是說或做，只是聽我說

如果
你為我做

我需要為自己做的事
那麼，你會增添我的恐懼和懦弱

但
如果你能像承認一個簡單的事實那樣
承認我感受的，是我的真實
那麼，我才能去理解
這份感受的背後，隱藏了什麼

——薩提爾

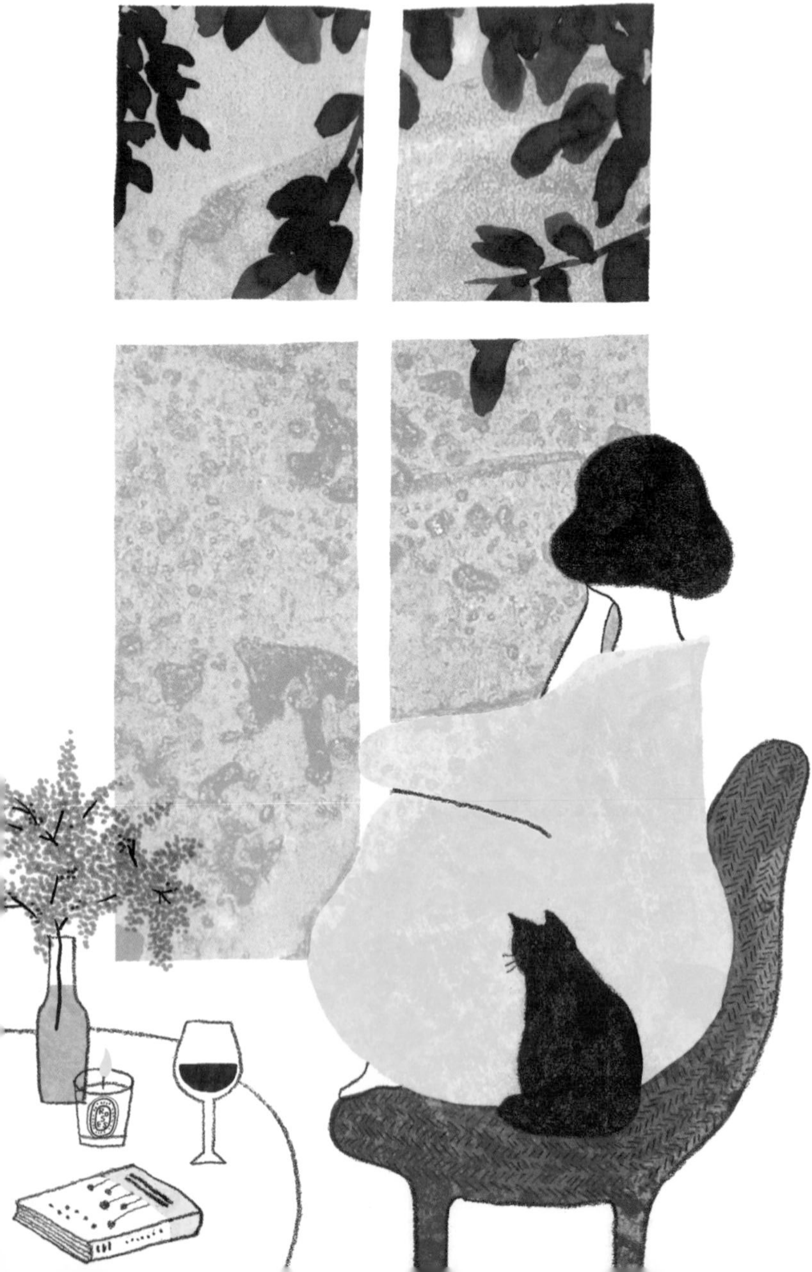

CHAPTER

2

# 關於女人

總之，所謂婚姻並不只是一對相愛男女的結合。他們相互間扮演著父親、母親或朋友的角色、必要時各自展現出孩子般天真幼稚的一面，如此等等都是婚姻的組成部分。如果沒有這些，恐怕很難稱得上是真正的婚姻。

—— 渡邊淳一

## 有一種美好的關係像淡淡的香氣，發現沁入心脾的時候有種驚喜

愛自己的人，
不想傷害自己，也不想傷害對方。

「即使寂寞，也不再將就。」

聽到這段話，很有感觸。我們人類在同個時間有一些需求，但是很難每個都滿足，要先學會取捨，學會找到平衡。

不那麼愛對方，卻因為不想面對自己的寂寞，所以勉強跟對方在一起。在一起之後，等到難受多於寂寞，又找個理由發脾氣，要對方走。

這種互動經過了一、兩次，就要知道，這通常不是愛，只是玩遊戲、扮家家酒，

而且對方可能只被當成道具。自己這麼殘忍，卻把跟對方在一起說成是「將就」，那對方算什麼？一種低下的生物？

愛自己的人，不想傷害自己，也不想傷害對方。因為沒必要，沒必要看著對方痛苦，才能感覺自己被在乎。

如果對方比我們更在乎，難道我們就有傷害對方的籌碼？

不過，大家都說，愛情裡本來就沒什麼對錯。所以我才對「愛」情，有許多疑惑。這些都是愛嗎？自己難過不可以，對方難過沒關係，這也是愛嗎？講得白一點，自己還不夠成熟，關係能成熟嗎？連愛自己都有困難，那真的能愛人嗎？

（我猜，「即使寂寞，也不再將就。」這句話本來想要表達的是另一個意思，是主角懂愛了、成熟了。不過，對白也是人寫的，從對白多少能揣測一個人的狀態。如果只能從自己的角度觀看，常只能看到自己的委屈，然後看到別人不適合自己，錯都在別人身上。）

愛情常被當成許多問題的解答，但還是要回到友誼來看，這樣發展起來比較健康。只想當情人，不會當朋友，愛情也難長久。

（我甚至覺得，不懂友誼，很難懂愛情。不過，有人把激情當愛情，這也許真的不需要太深厚的友誼，因為相當短暫。）

友誼的層次很豐富，面貌也多端。交往之前，先交友，這種事，不用急，慢慢相處、慢慢體會，瞭解多少，再信任多少。這個過程，雙方都在學習。

遠遠看著對方，覺得喜歡對方，接下來就告白了，兩個人就在一起了，這樣的劇情很常見。可是對我來說，明顯跳過了一個階段。因為這種愛情（假設這是愛情的話），會有很多誤會，很多自己過往的投射，很多轉瞬即逝的心動，但常留下傷痛。

有一種美好的關係像淡淡的香氣，發現沁入心脾的時候有種驚喜。

**在相處久了的人身上，常會看到一種默契，那像是友誼釀出來的酒。雖不濃烈，但可以充滿趣味**。也不是不會口角，但懂得示好、懂得適可而止。所以情緒表達出來了，不會莫名其妙發現關係正準備往下掉。

其實，在一些和諧的愛情、親情裡，都可以看到這樣的元素。**因為淡，所以來去**

**自由，可以相互陪伴、也可以獨立生活，有不同的見聞，知道怎麼讓自己感覺喜悅，自然可以為在一起的樂趣，添柴加灶。**

男女之間，如果在友誼裡發現喜歡彼此的陪伴。這種文火慢燉出來的信任，不會那麼容易在每個人各自的陰影裡消散。

刻意為了愛而愛的戀情，連友誼都談不上。好像堆滿很多情緒，好像熱熱鬧鬧風風雨雨，冷靜下來之後，只不過是經歷了一場肥皂劇，才會重複再重複，即使厭倦了，也不知道怎麼喊停。

常花時間去認識自己，那麼交一個朋友，也會自然有類似的動作。知道怎麼照顧受傷的自己，也會比較知道如何陪伴正在低潮的對方。

如果自己有難，就想要對方共患難。但對方有難，就要對方自己看著辦。一般來說，連朋友都稱不上吧。可是在愛情，特別是婚姻裡，這種狀態其實不少見喔。

各位讀者，您有見過這樣的例子嗎？

# 我們對伴侶的愛是怎麼慢慢消失的？

有個弔詭的現象是，當我們越是努力改變對方，而對方依然不為所動時，我們越是加快對關係失望的速度。

人們在親密關係中遇到最大的困難之一是，發生問題時，他們常認為自己不該落得如此下場。會感到不自在，或是受到刺激。於是採取一系列的措施來應對……

1. 他們認為會有這樣的狀況是「錯誤的」。
2. 他們把錯誤怪罪到伴侶身上。
3. 他們因為伴侶的行為而變得固執、偏激，並且相信伴侶必須改變，事情才會好轉。

4. 他們嘗試操縱伴侶，使其行為有所改變。
5. 當伴侶沒有任何改變時，他們感到挫折。
6. 他們與伴侶保持距離，並試著處理現狀。
7. 他們對伴侶的愛消失。

（克里斯多福・孟《親密關係：通往靈魂之橋》）

我們有個期待，自然就有個傾向，想用自己的力量，讓期待在現實生活中發生。在親密關係中，我們常把自己內在的負面情緒，很快歸結成是對方的錯。

有個弔詭的現象是，**當我們越是努力改變對方，而對方依然不為所動時，我們越是加快對關係失望的速度**。也就是，我們可能花越多力氣想要維繫或修復關係，當我們終於耗竭而無法繼續付出的時候，關係越容易破裂。

很明顯地，這個歷程不只可以拿愛情來印證，也可以放到親情與友情思量。

事件的發生，不一定要有價值的判斷。然而，一旦加入期待之後，事件跟期待一對比，很快就讓我們產生情緒。

所以，我們可能原本以為是事件，才會導致我們產生情緒，但這只對了一部分。另一部分是，我們對事件的期待，也是情緒的源頭之一。**期待越高，失望的可能性也越大**——這幾乎是常識了，可是發生在大部分的人身上的時候，是不容易被接受。而期待之所以高且強烈，又跟我們自身的不足有關，跟過去未痊癒的創傷有關聯。

重要的不是你做了什麼，而是你是什麼樣的人。

（克里斯多福・孟《親密關係：通往靈魂之橋》）

在進入關係之前，了解自己是什麼樣的人，對於進入關係之後，雙方互動的樣貌，影響深遠。操縱、責怪對方，常常跟逃避認識與面對自己有關。**注意力常放在他人身上的人，通常很難跟自己相處愉快！**

你改變不了一座山的輪廓，改變不了一隻鳥的飛翔軌跡，改變不了河水流淌的速度，所以只是觀察它，發現它的美就夠了。

——克里希那穆提

# 理解諒解和解三層次

在「認知」上理解，
在「情緒」上諒解，在「行為」上和解。

理解、諒解、和解，這三個層次，也許我們能換成三種狀態去看待，雖不完全相同，但或許可以讓我們更明白。

**在「認知」上理解，在「情緒」上諒解，在「行為」上和解**。

我們去理解一個人，包括他人或自己，可以透過觀察、閱讀、討論……

我最近觀察到一位朋友，非常花心思在強調「孝順」的重要性。後來才發現，他是屬於「孝順外包」的經典，他所謂的孝順，主要是由太太代為執行，還有，最主要是要他太太孝順他的父母，不是太太的父母。

然後，他也拿這個觀念，強調孩子要對他孝順。孩子不聽話，或者講話沒禮貌，就可能是不孝順的行為。

至於他自己，因為「剛好」比較忙，他只有空閒的時候，才會孝順父母。所謂的孝順，就是看父母要做什麼，他就陪他們做什麼，雖然他在家的時間有限。至於他會不會都聽父母的話，也不一定。然後，因為他很少跟太太回娘家，所以有沒有孝順太太的父母，也就談不上了。

花心思去理解他，在情緒上，慢慢就能諒解，他為什麼把「孝順」的觀念抱得那麼緊？

這跟不少人談道德，是類似的邏輯：道德主要是要別人遵守，強調道德，常對道德論述者本身有利。這樣的人性，大部分的人都有，只是展現的程度，是多是少而已。每種道德規條，對於不同角色的人來說，有各自的好處。我們也常拿不同的道德來合理化自己的行為，道德也可以是一種否定與批評他人的武器。

**道德本來是希望人與人之間能相處和諧，這一點初衷倒是常被忽略。**

尤其回到人性的層次，其實人我分別不大。我們在情緒上，慢慢跟對方有了連結，釋懷就容易一點。

情緒產生連結，或者有部分的認同，不代表在「行為」上，我們就非得要跟對方接近。我們可能就是清楚理解了，對方主要只在乎自己的需求，也感受到對方的情緒太強烈，強烈到無法顧及周遭的人，我們只好採取自我保護，跟對方保持距離。

保持距離，不一定是沒有善意。像是明知道對方會傷人，我們還要靠近給他傷害，那麼，對方產生的不當言行，也跟我們有關係。**適當的距離，關係才會美麗**。

不是跟什麼人都要和解，不是家人的關係就非得甜如蜜。我常感覺到那種刻板印象，或是對某種理想化圖像的追求，過於虛幻不真實，容易一再無謂地受挫。

而這種受挫的情緒，對於改善關係，不但無益，更可能是壓力。

即使是孝順，孔子也是回到和諧相處來談，這是我的理解。情緒不平靜，界線不清楚，雙方連自己都搞不定，不要說和解了，連相互理解都有困難。

關係猶如一面鏡子，透過它我們可以看到真實的自己。但是大部分人都無法在關係中去看自己，因為我們會立刻對我們所看到的東西產生批判和辯解。

——克里希那穆提

## 為什麼她要原諒你，給你下次傷害她的機會

諒解要來自於深厚的理解，特別是已經帶來強烈的負面情緒。

「為什麼她要原諒你，然後給你下次繼續傷害她的機會？」

這是我心裡的話。因為有人認為，他都道歉了，對方如果不原諒他，那就是對方的問題了。

原諒的好處很多，尤其是對當事人自己。但要用道德強迫對方原諒，指責對方不原諒，好像不原諒的是小家子氣的人，這是使用道德做武器，只想著對自己有利，這種交往並不真心誠意。

假設，談理解、諒解、和解，是暫用認知、情緒、行為三層次來談。那麼，原諒或許是原本的負面情緒變淡了，或甚至緩慢地產生正面情緒，這些情緒轉換，是不能用勉強的。

相反地，之所以不原諒，是一種自我保護。有些行為，發生第一次，就容易有第二次、第三次，這是知識也是常識。原諒了，傷害再繼續，這是常聽到的啊！

有些人內化了這種莫名其妙的道德觀，讓自己非常困擾。像我碰到的狀況是，父母對孩子做了很不好的事，孩子的心裡在意了很多年，每次提起就會被父母罵，連提都不行。孩子成年了，不希望這件事再困擾自己，想原諒、想忘掉，因此苦惱不已。

這時候的原諒，像是一種逃避。比較接近不想面對，或者是敷衍，根本沒真心要原諒父母。

**諒解要來自於深厚的理解**，特別是已經帶來強烈的負面情緒。

我們得去理解，父母當初在何種脈絡下做了那件事？又是什麼心態，只要孩子提，就把孩子罵一頓，什麼都講成永遠是孩子的錯？這件事對親子關係造成了什麼影響？這件事對我們的人生，有了什麼意義深遠的改變？

所以，要原諒對方，要在情緒上放下，必須要下功夫。口頭說要原諒，心裡仍舊在意，這種表面上的原諒，只是求表面和平，這點我們要認清。

但是，先原諒自己，這會容易一點。

原諒自己？很多朋友常疑惑地卡在這裡，因為既然是對方的錯，跟自己有什麼關係？

在我們年紀還小的時候，大部分的孩子，會隱隱然以為，發生了一些不好的事，是不是自己造成的？當時，我們並沒有足夠的人生閱歷與判斷力能夠清楚事情發生的原因。

這種「只要有錯，就可能是我的錯」的傾向，某些成人身上也有，這是容易把事件個人化的心理歷程。

還有，一件事的發生，特別是發生在自己身上的事，常跟我們的決定與選擇，脫不了關係。喜歡責備他人的人，可能常在心裡正默默地責備自己。

也就是，如果我們充分為自己負責，那麼，發生在自己身上的事，跟自己的過去、慾望、想法、行動……，千絲萬縷地牽扯在一起。如果我們習慣用「對錯」想事情，那要用「錯」來評價自己，怎麼可能自己沒有一丁點「錯」？原諒自己，也是要從認識自己、理解自己下手。原諒自己都做不到，就別說原諒別人了！

說到底，以我自己來說，我寧可被說是一個度量小的人，也不願意不明不白地原諒。為什麼要隨意撤除自我保護的界線，只為了想當人們心中的好人，然後讓壞人再次進攻？

那時，**因為胡亂原諒而又再次被傷害時，自己就算是共犯了！**

---

P.S. 有朋友提到，道歉也不一定是真心的，那憑什麼能換真心的原諒？「用道德綁架

人性」，這句實在很貼切！

P.S. 另一位朋友提到，不一定要原諒，原諒也不代表要把事情忘記。只是不記仇，但沒有要忘記教訓！

P.S. 更別說那種，根本連自己怎麼傷害人都覺察不清楚的道歉（還有那種覺得自己傷害人又沒什麼，是我們大驚小怪的人），越道歉越讓人火大，口不出惡言就已經是修養。這種情況下談原諒，根本是天方夜譚了！

P.S. 有種不乾不脆的道歉是，不太想拉下臉好好道歉，又想要得到被原諒的好處，還不太掩飾自己的意圖。這種道歉，很接近二次傷害了！

P.S. 還有那種無關第三者來要求原諒的，對方說不定連道歉都還沒說，就要當事人原諒。那種瞎起鬨的第三者，為了賺一點自己的人情，說不定連發生什麼都搞不清楚，還要來進行道德綁架。唉……，這種自以為充滿正能量的第三者，以道德之名，成了某種程度上的幫兇。

P.S. **不是有人說「對不起」，我們就得說「沒關係」！**

# 真的愛你的人就會喜歡「真實」的你？

接納，是讓我們關注的焦點，能夠更全面一點。

她問我：「關係一定要經營嗎？」

她用了「一定」這個詞，比較絕對一點。我思考了一下，沒有馬上回答。

她繼續說：「想要跟對方在一起，就是喜歡『真正』的他、『原本』的他，對方也喜歡『真正』的我，那還要經營什麼，自自然然在一起就好啊，幹嘛那麼刻意?!」

自然就好，嗯，這好像也不是個什麼壞事。而且不少作家會說，「真的愛你的人，就會喜歡『真實』的你」。所以從這個邏輯推演，得出的結論，好像也沒什麼大的差錯。

我也曾有過類似的說法，但比較不一樣的是，我會多談一點「接納」，包括接納自己。我們愛一個人，也有可能不喜歡他的某些部份，我們也不是自己的每個部分都喜歡，這是人性啊！而且有一部分的個性是長久相處之後，在某些特殊的情境下才會顯現出來，怎麼可能「預先」就喜歡？

可是，「接納」不太一樣的地方是，不管我們喜歡或不喜歡，都試著去理解。願意再多花這個心思，不管是為了自己還是為了這段關係，是比較困難的事，特別在情緒比較強烈的時候。我們站在對方的立場，理解彼此的共通處，理解這樣的個性怎麼幫助一個人，又為他帶來什麼挑戰……

我們像是遠遠地觀察兩個人的互動，如果可以，也同時靜靜觀照我們的內心。不增不減地，不讓某些主觀情緒扭曲，讓真實自然呈現。

不過，理解了對方，也不代表我們就會喜歡啊。像是理解了對方老是碎碎念的動機或脈絡，也不見得能喜歡對方的行為。

我們進入關係的時候，常只注意著對方的優點，所以我們歡喜。等到一個人的缺點被突顯之後，負面情緒隨之而生，我們常常又變得希望對方改變，對方不改，就變成我們負面情緒投注的焦點。

接納，是讓我們關注的焦點，能夠更全面一點。優點、缺點都能觀照，也考量各種情境對一個人的影響，還有後續發生在雙方身上的變化。

不管是接納自己或者對方，還是一段關係，都不表示雙方從此靜止，原地不動，就會是最好的狀態。如果我們想活下去，很自然地要因應環境的變化或挑戰，就需要成長。以關係來說，是可以用經營來談。

經營關係，至少是期待當下和諧。經營不見得一定能讓雙方情感不斷地加溫，那有時候是一種很理想化的狀況。但是，經營也可以是期待雙方關係不惡化，至少不會相互傷害。

起碼彼此能先好好相處，其他才能再談下去。不要以為這是很簡單的事情，有些人情緒一來，動輒摔東西、撂狠話、威脅恐嚇、動手動腳，自我保護都來不及了，相處也不用談了。

上面這一大篇想法，我是事後下筆時才想到的。那時突然被問到這件事，一時也不知道要怎麼說，常常是大腦不夠用，臨場反應不是那麼敏捷。只能跟她說：「約會總要挑地點吧，這也是經營啊！」

這種說法，她似乎能接受，我們就沒繼續談下去。我在心裡忍不住啞然失笑，她要的很簡單，是我想得太複雜了！

# 您是賢內助嗎？

越「傳統」的家庭氣氛，女性的處境越是辛苦。

之前跟一位朋友討論，太太存在的「功能」，似乎是要讓先生有面子。這種說法，就現代的價值觀來看有點怪，可是在以往的社會，這是理所當然！

一般人對妻子能夠幫助丈夫，使丈夫的事業、學業、品格方面都有了進展，增加丈夫在社會上的地位，就稱他有內助之賢。

（漢語網）

媽媽的角色多元，這是我們已經知道的事。但就功能層面來說，還要能「增加丈夫在社會上的地位」這實在是令人傻眼，如果太太這麼厲害，為什麼什麼面子都要做給丈夫？自己來不就可以了嗎？

以傳統社會的定義來看良家婦女，女性的自我是依附在男性之下，自己的人生跟先生的成就綁在一起。類似「嫁錯郎」的恐懼，常見於古語俗諺。

這自然是不平等，是男尊女卑的體現。不過，在傳統上，這是有道德的。

在以前，大部分只有休妻，很少聽到有休夫的。也就是妻子如果沒有做好自己的工作，可以憑男性的主觀意識，解除婚姻關係，所有的錯還都可以怪到女生身上。但如果先生不好，女性通常要自認倒楣。

所以要當一個賢內助，還要能讓丈夫的品格有進展。丈夫的品格，也在妻子的責任範圍，可是這一切又要在男尊女卑的架構下，實在很扭曲。

（最近有朋友說到，如果光看我的文章會覺得我是反傳統的人，是很憤世嫉俗的人。如果讓長輩看到，我會有生命危險。然而嚴格來說，只要每一個人好好地去理解傳統，特別是傳統如何定義家庭裡的角色分工，也會看到我所看到的東西，相當扭曲與違反人性，可是偏偏被一個文化執行了好幾千年，實在令人費解！真的喜歡傳統，就要好好理解它，不是嗎？嘴巴說遵循傳統，又不去深入理解，這又是一個讓我非常疑惑的現象！）

再進一步來說，如果有好處，讓男性先享受。如果有壞處，女性出來扛。這種論述，到底是男性還是女性創造出來的啊？

再多一種說法，也就是丈夫如果待人處事不周到，那可以給妻子「不賢」的標籤。然後，丈夫還可以用妻子「不賢」為由休妻，換人做做看。

當女性處在這種壓迫下，心理會健康嗎？帶出來的孩子在心理上會健康嗎？整個家庭就真的更能和樂安康嗎？

因此，越「傳統」的家庭氣氛，女性的處境越是辛苦，而且執行這些傳統的人，還有可能是女性，這更是讓人糾結錯亂。

我建議，以後想當媽媽的人，先來考「臨床心理師」的證照，會對人性有多一點了解，不管是相夫教子，可以先建設一些本職學能。最主要能消化自己的情緒，先利益自己，然後進一步讓丈夫的品格有所進展，實現我們對理想媽媽的多功能期待。

如果下屆選立委，我打算把這個拿來當成我的政見，保證落選，而且保證金還拿不回來，然後比蜂蜜檸檬更快被人遺忘……

# 愛情裡面可不可以沒有愛？

愛情的本身，並不一定真的讓人變得多偉大，
只是另一種展現人性的方式而已。

這幾天看到一個舊新聞，談到某位外國演員當初結婚的理由，是為了不想工作。對她來說，當時想要離開職場的唯一方式，就是結婚。不過，最後離婚時，場面並不好看，那一段時光，她也過得不太好，但經過一番努力，又進入人生的另一個巔峰。

在這個演員的某段人生，愛情變成是一種逃離另一件事的藉口。不過，這常要回頭來看才看得懂。

有一陣子，我常思考愛的層次，小愛與大愛之別，各種關係裡的愛，有什麼相似或相異。還有，那種充滿各種算計的愛，常想著會得到什麼、要得到什麼的愛，到底

是不是愛?!

愛情裡面常有性，這並不稀奇，所以很多人的愛，至少是把愛的啟動與性能量的投放聯結，但這就是愛嗎？現在不是有些人認為，性跟愛可以分開？愛情裡面也常有計算，像是這是不少人的考量：如果跟對方結婚，將來生活會不會有保障？為了過更好的生活，那樣激發出來的情感，是愛嗎？

有位朋友期待完成自己的人生圖像，她特別嚮往美滿的家庭。所以，她想要成為自己想像中的幸福女主人，有著關係親密的孩子，而她要找的對象，必須要能符合她所想像的終身伴侶。在愛情還沒開始的時候，她已經設定好了未來的走向，等著人來扮演她想像中的角色，那麼，這是愛嗎？

再講白一點，有些人愛的是對方的條件，不一定是對方的個性。那這樣的愛情，在表面堆砌出來的情感，真的是愛嗎？

有的人要的愛情，說簡單也簡單，說難也難。他要的，就是能凡事以他為主——他在意的時候，對方就要退讓；他不在意的時候，對方才可以自己決定。那他所謂的愛情，是不是更像一種權力欲望的滿足？透過這種關係確立存在價值？

有時候會有另一種說法，叫做他喜歡的人，是凡事都會讓著他、包容他的人。這種愛情，很像在找另一個爸爸或媽媽。而且這種爸媽的形象非常理想化，因為現實中的爸媽也很難凡事包容忍讓。

就別說，愛情常常是拿來抵擋社會壓力的一種方式，傳宗接代、找人來替自己照顧長輩、擁有某種社會地位……愛情背後的功利導向，我們都不陌生。

愛情的本身，並不一定真的讓人變得多偉大，只是另一種展現人性的方式而已。

有時候，當我這麼討論對於愛情中的種種疑惑，有人就會說，我在否定愛情。不過，我談論的主要是愛情中的現象，這些現象並不稀奇，上網查詢大致上都查得到，跟人討論也不難得到類似的例子。愛情本身是什麼，我也不確定，不同學者也有不同定義。

所以，我不覺得我否定愛情，是因為我根本不確定愛情是什麼？範圍在哪裡？那些算計、條件、性、逃避能不能算進去？有沒有一個共同的定義？而且我選擇從某些特殊的角度觀看愛情，這我很清楚。

更何況，我所關心的不只是愛情，是各種關係中的愛。我懷疑，愛是不是常被人拿來當成合理化、美化自己行為的化妝品？

（所謂「以愛之名」……）

「我愛你，所以你也要愛我！」這很像是一種交換，甚至是交易。交易失敗，或者覺得得到的，少於付出的，就說對方無情無義？

我有時候會想，以前講看破紅塵，會不會是因為洞悉這些凡情俗愛的本質？不想再玩這種遊戲，盡可能簡約、自給自足，追求一種更高的成長，或更真誠的生活？

也因此，我花更多時間討論自己與自己的關係。我感覺，**我們對自己越誠實，活得越輕鬆。然後，用比較清淡的態度看待關係，減少自己的想像，去傾聽，會比較能接近真相。認真對待自己因需求不滿所引發的期望，就能少一些失望。**

如此，世界沒有因為我們想得多，而更顯得混濁，就是逐漸接近了不增不減的本來面貌，於是我們更自然。樸實無華，少情緒喧鬧，自有一種美好。

# 當父母其實需要看能力，能維持住婚姻需要點運氣

進入婚姻，甚至成為父母，對做一個人的各方面能力，都會有更多且複雜的要求。

遇到一個孩子，主動跑來跟我打招呼，說要跟我玩，父母在遠處玩手機。那時候我正當著孩子王，陪著一群小朋友橫衝亂撞。

孩子看起來差不多是國小高年級，長得很可愛。但是語言表達能力比較弱，大概是國小低年級或以下的能力，再花多一點時間觀察，粗估大動作能力未達年齡水準，遊戲能力也約莫就是低年級左右。

我頓時有些不忍，我不知道父母有沒有覺察這些狀況。有些這樣的孩子，認知能

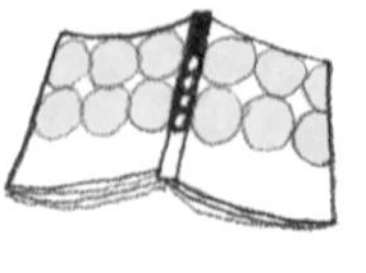

力不見得弱。也不是每對父母都具有兒童發展的概念，如果孩子功課中等或以上，個性又溫順，且孩子看起來也好帶，說不定就疏忽了。

她自說自話，說得很高興，還笑了起來。感覺是個很單純、很開心的孩子，對陌生大叔如我，完全沒戒心。倒是媽媽後來看到了，把孩子帶開，叫孩子到另一邊玩，大概是有些警覺。沒多久，父母似乎又進入手機的世界，孩子又跑來找我，我跟她們一群孩子玩得很開心。

玩了一陣，媽媽大概又回過神，這次是直接叫孩子回家。孩子依依不捨，一直揮手跟我和其他小朋友說再見，媽媽則在一旁一直催促她走。

我開父母成長班的時候，第一堂課就會跟父母提到發展遲緩。如果以認知、語言、動作（含大動作與精細動作）、生活自理、社會情緒等領域來看，可以檢視孩子在發展上有沒有落後，這個概念不只適用孩子，也能夠回頭檢視父母自己小時候的發展。

譬如，我跟一些父母談話的時候，發現有些父母的語言表達能力弱，常抓不到對話重點。有些則是情緒成熟度的問題，說沒幾句就很容易激動起來。其他領域並沒有深度評估，也不好方便評論，但光是用比較明顯的語言與社會情緒，這兩個領域來看，如果父母不夠成熟，教養上勢必會產生困難。

可是，想當父母不用經過評估，也不見得都有人協助（事實上，我認識少數孩子，最後還是其他親戚介入，孩子才能得到相對妥善的照顧）。所以能力不夠，又要教養孩子，孩子也會很辛苦。就不要說，明知整體家庭狀況都弱勢，也要傳宗接代，為家庭或家族博一個未來希望的狀況。

我只是描述事實，我沒有任何評斷的意思。只是大部分的人，真的很少從基本能力的角度，來看待父母。

我是多想了一些，這個孩子如果被男生追求，父母要花多一點力氣注意男生的品性，因為她可能比較容易被騙。然後，如果論及婚嫁，父母要很誠懇地跟男方說明孩子的狀況，需要男方不少包容，婚後很多家事需要男方打理，這些都要先考慮清楚。

進入婚姻，甚至成為父母，對做一個人的各方面能力，都會有更多且複雜的要求。每日每夜的生活，很容易讓人的缺點浮上檯面，本來的優點也會漸漸地被淡忘。

她當一個像女兒的太太會相對容易，這需要男方有較多的母性特質。但是，要她當強勢的媽媽、看懂臉色的媳婦、堅強的太太，說不定就會困難一些。（哎呀，我的內心小劇場實在太旺盛了。才認識孩子一下子，就幫她想了一輩子。）

而且，大部分的父母，如果希望孩子順利婚嫁，通常不敢告訴對方，孩子的缺點與困境（而且父母就算真的想講，也會顧慮到孩子的心情）。然後，一廂情願地希望對方能包容，所以很難達到事前預防，或先有心理準備，幾乎都是等著相處之後慢慢發現，再看看能不能補救，而過程中通常會累積很多情緒。

我真是羨慕有些專家或作家，可以提供幾個小訣竅，好像簡簡單單做了一點什麼之後，就能讓讀者的婚姻甜蜜蜜。相對來說，我提不出幾個小祕訣，很多狀況，將心比心，我如果是當事人，我真的也很難處理。

所有的婚姻，任憑怎麼安排，都是賭博，都是茫茫大海上的冒險。

（林語堂）

我很認同前面這段話，就算做足了準備，婚姻也還是很接近賭博，運氣也很重要。太多因素我們無法掌握，而且也不是雙方有共識就夠，背後人多嘴就雜。

我心裡一直祝福，祝福孩子的良善能被欣賞，祝福孩子的父母，願意花心思多認識孩子、陪著孩子。單身也很好，婚姻不順也可以活，多認識自己一點，或許至少獨處的時候，能比較好過。

當我真正開始愛自己，
我明白，我的思慮讓我變得貧乏和病態，
但當我喚起了心靈的力量，
理智就變成了一個重要的伙伴，
這種組合我稱之為，
「新的智慧」。

——查理卓別林

# 媽媽對爸的情緒如何影響孩子

明明有其他的選擇，
為什麼固守某個讓我們痛苦的抉擇？

我跟朋友討論過，把「媽媽」這個角色仔細端詳，可以看到這個角色的陰暗面。還是再次強調，沒有要責怪什麼，理解就好。

媽媽角色的陰暗面跟傳統文化有關，不能都推給某一個人承擔。換作是爸爸，遭受同樣的對待，也可能有類似的心理歷程。

「你讓我不爽，我就不會讓你好過！」

這是一種基本的人性。在經濟上如果仰賴爸爸，又不被爸爸尊重且還住在婆家，形勢比人強，媽媽能用來報復爸爸的方式之一，便是讓爸爸跟孩子疏遠，讓爸爸在情感上陷入失落感。

媽媽所有的苦楚，都讓孩子知道、分擔，讓孩子討厭爸爸，孩子對媽媽產生認同，以媽媽的情緒為自己的情緒；以媽媽的思想為自己的思想，從此看待爸爸的方式，都隔了一層濾鏡。

媽媽沒有給孩子獨立判斷的機會，一套既定劇本的內心戲，就用多年養成的方式，默默寫成孩子的心理程式。

所以我常說，打壓媽媽，對爸爸通常沒好處。魔鬼藏在細節裡，爸爸怎麼被「處理」，其實他不一定搞得清楚。只覺得回家沒有歸屬感，因此更容易表現出負面情緒。

但是我更在意的是，從此孩子成了大人間權力鬥爭的工具。孩子的情緒長期被操弄的情況下，也會搞不太清楚自己內在的狀況。孩子因此混亂，或者適應不良，甚至產生心理疾病。

媽媽藉著孩子反擊爸爸，也不會真的得到多少紓解，尤其將眼光放長遠。孩子的內心如果痛苦，照顧孩子的媽媽就不會好過，這是惡性循環。

**所有人都為了自己種的惡因，不知不覺承受著惡果，只是意識不清而已！**

和樂常常過於表面，禮儀常常流於敷衍，大家在意的，口耳相傳的，都是那些負能量。但是人會想粉飾太平，這時候道德派上用場，開始合理化或美化自己的作為。

我常常想要把這個過程梳理開，讓一絲一縷清楚明晰，這樣才能循著絲線，找到源頭，像是用第三人的視野，去觀察我們性格養成的過程。那些緊握著多年的事情，到底為什麼放不下？明明有其他的選擇，為什麼固守某個讓我們痛苦的抉擇？

有位朋友的分享，意境鮮明。她受了高等教育，擁有一份當時相當前衛時尚的工作，本來以為她的人生會跟媽媽大不相同。然而，洗手作羹湯之後，便守著家庭，直到丟了婚姻，她才看清楚自己終究傳承了媽媽的價值觀，包括媽媽多年的情緒，藉著觸景生情，這次輪到她扮演同樣的角色了，那些在黑暗中蟄伏已久的野獸，彷彿找到了出口。

好可怕啊！如果她沒走過這個過程，沒有以當事人之姿親身經歷，她不知道原來一個媽媽對一個女兒的影響這麼大。她太輕忽了，因為沒有人教她婚姻，沒有人教她在疲憊到自我快要瓦解的情況下，如何分一點神照顧自己，守護愛情，並讓爸爸參與這一切。

那些對婚姻的預設立場，那些負面思考的多年精華，全來自媽媽。

換句話說，她還沒準備好當媽媽，他也還沒準備好當爸爸。他們沒準備好如何在當爸媽的同時，也維繫關係，但各自的原生家庭預備好的陷阱，悄悄現形。

稍微拉回來談，當媽媽為了反擊爸爸，而跟孩子拉近了距離。這種關係看似親密，實則為綑綁，因為其中有許多負能量。

相對於愛，媽媽更可能教導了孩子，如何討厭一個人，或者嚴重一點地說，如何恨一個人。

**我們練習什麼，常會得到相應的回報。**

像是我們練習討厭、練習恨，我們就會聚焦在這個人的缺點，把它醜化、放大，投注許多負面情緒，把我們很多不順心、壓力挫折，都過於簡化地怪罪到某個人或某個點……

當雙方都不斷進行這樣的練習，那麼彼此連結是因為相愛，還是為了共同逃避，或是打擊一個敵人而相互取暖？

還有，這種練習很容易把方向對準正在關係中的對方身上，例如媽媽對孩子，或者孩子對媽媽，這是很自然的演變。那麼，之所以稱為「綑綁」的意思自然很清楚了，雙方在關係中都不快樂，又不敢分離。

相反地，愛一個人，不是只需要勇氣，還需要練習。愛一個人就要面對失去的可能，要面對背叛，要面對彼此意見不同，要學著溝通，要試著表達善意……

因此，當負能量在家庭成員身上流轉時，那些更是需要能量練習的，讓彼此關係和諧安詳的，也漸漸失落了。

如果，媽媽對孩子示範的是如何愛爸爸呢？是一個人即便不完美，我們都記得，最一開始的時候，我們欣賞對方的特點是什麼？

我們陷入生活無止盡的重複中，非常容易忘了感謝與肯定。那些時不時來訪的負面情緒，我們常常會忘記它們幫了自己什麼，而一股腦地怪罪到對方身上，等著對方替我們處理。

愛一個人好難喔，可是，如此困難的功課不好好花時間學習，卻一直用討厭、憤恨消耗能量。所以我們口中的愛，常顯得過於表淺，但我們的恨卻堅若磐石。

我們到底要教孩子什麼？我們又正在教自己什麼呢？

別忘了，**我們可以是自己的父母，不管是愛是恨，哪一邊經過餵養，那一邊就會日漸茁壯！**

# 聽過關係的喪鐘響嗎？

以結束關係來說，最好讓對方有心理準備，再漸進式地退出彼此的生活，同時堅定立場，最忌諱三心二意。

夫妻感情的結束，不一定是離婚。也有同住一個屋簷下，但各自生活的狀況。根據《七個讓愛延續的方法》這本書，夫妻關係末期有四階段，代表婚姻喪鐘已響起。

1. 認為婚姻問題相當嚴重。
2. 商量討論似乎都無效，只好靠自己解決問題。
3. 開始各過各的生活。
4. 感到孤寂。

所以走到終點的時候，也許有火熱爭吵，但也可能冰凍三尺，好像事不關己地討論彼此相處的困境。或許是已經活在心寒無奈裡面很久了，情感早就被抽乾了。

我們常常花很多時間在進入關係，大部分動人心弦的戲劇也多半聚焦在這一段。可是相對不太用心經營正在進行式的關係，以及差不多緣分盡了，要好好準備結束離開的關係。

顯然，相對於歡歡喜喜宣告要在一起，經營與結束關係，多了許多負面情緒，讓人挫折與逃避。而且經營與結束關係，所要花費的心力與時間，說不定還更多。

以經營關係來說，最基本的，就是要知道對方最近在做什麼。不要說夫妻，有時候連親子之間也不見得做得到。

我認識一位媽媽，因為有自己的事業與追求，常常不知道孩子有什麼重要活動。偶爾就會有一段時間不在孩子身邊，就算在孩子身邊，心也不見得在孩子身上。

還好，孩子包容、先生支持，家庭氣氛還不錯。不過，如果孩子出現情感上的困擾，她比較難及時知道，更別說伸出援手了。

我沒有譴責的意思，養兒育女也不一定都是媽媽的工作，很多爸爸也常搞不清楚孩子的生活中有什麼重要的事。而且，如果孩子的人生很順遂，媽媽本身也是活出自己的好榜樣，說不定孩子還會很開心媽媽給了很多自由的空間。

當然，也有可能孩子需要媽媽的時候，剛好都找不到媽媽，而且運氣沒那麼好，成長過程遇到的挑戰特別多。只好凡事靠自己，邊跌倒邊摸索，親子各自過各自的生活，然後感到孤寂，親子關係漸行漸遠，

以結束關係來說，最好讓對方有心理準備，再漸進式地退出彼此的生活，同時堅定立場，最忌諱三心二意。這通常是談友情與愛情，不過，我也知道有親子斷絕關係，從此不再見面的狀況。

如果在關係中曾有過美好的感覺，很令人珍惜的話，在結束關係之前，大概會先有一些溝通的嘗試吧。沒有溝通，突然就要結束（有些是直接斷絕聯絡，連「結束」也沒說），殺對方個措手不及，如果對方也很在意這段關係的話，很容易引發強大的

情緒反應。

漸進式地退出，其實也是把彼此的距離再調整，幫助雙方冷靜思考，關係存續的必要性。尤其當生活的交集少了，我們是因此過得更自在？還是不如我們原先的期待？這都可以幫助我們進一步決定後續的行動。

真的不想跟對方在一起了，最慈悲的決定，就是態度不要模糊曖昧，直接告知要停止關係。要講不講或者暗示一大堆，被問又不直說，這是折磨對方，讓對方沒辦法開始新的生活。這時候就算有見面，互動的界線要非常清楚，普通朋友的互動就是跟情人不同，別因為以前的習慣就隨便。

我有碰過女方提分手之後，另交新男友，卻把前男友當工具人的情形。這能讓女方的生活多些便利，女方也許也因為多得一些愛慕的眼神，心理上多一些滿足。不過，這是玩火自焚的動作，貪心可能引來瞋恨。

其實人不一定要有伴才能活，如果我們實在不知道在一起有什麼好，只是分開來讓我們不甘心，覺得白費了自己的青春，所以不放手。那麼，心安要回到自己身上求，別拖著對方，讓兩個人都不好過。

最後，引用薩提爾的一段話，跟各位朋友分享。

如果父母不能有一個幸福的婚姻，可以選擇健康的離婚和愉快的分手。為了孩子，我們兩個不用彼此喜歡，彼此友善就好了。我們不再是夫妻，可是仍然是孩子最好的父母。很多的單親父母，耗費了太多能量在彼此指責、彼此怨懟上，孩子在這裡面承受了大量的恐懼。

我們可以幫助別人，不過發現之旅得每個人自己走。生活不容易，很複雜，不過我們卻要單純的接觸它。我們自己就是問題。接觸最重要，問題本身並不重要。

若非你自己願意弄成這麼疲憊，有什麼事情能讓你這麼疲憊呢？這種「願意」也許是有意的，也許隱藏在心裡。你為什麼讓自己弄得這麼疲憊？是不是你內心深處有衝突呢？

——克里希那穆提

# 愛自己是終身浪漫的開始

沒有誰，比我們更了解自己，
並且對自己帶著無條件的善意。

愛自己是終身浪漫的開始。

（王爾德）

我們常常是先從他人身上，認識我們自己，確認我們自己的價值。然而，逐漸長大的過程，我們逐漸瞭解我們的生命中，有許許多多的他人，那些他人帶著各自的目的與理解來評價我們。

於是，**定義自己的能力，我們慢慢有知有覺地收回來。因為沒有誰，比我們更了**

**解自己，並且對自己帶著無條件的善意。**

只不過，有些人做不到愛自己。甚至在傳統上，對自己的善意，也可能被人抹黑成自私。漸漸地，愛自己，更像是一種罪惡。

> 過自己想要的生活不是自私，要求別人按自己的意願生活才是。
>
> （王爾德）

任意要求別人的人，常自稱無私。反而想安安靜靜過日子的人，會被說成自私。
雖然荒謬，這樣的劇本依然正在進行中……

你的錯誤不是你對生活所知甚少，而是你知道得太多了。你已把童年時期的曙光中，所擁有的那種精美的花朵、純潔的光、天真的希望的快樂，遠遠地拋在後面了。你已迅捷地奔跑著經過了浪漫進入了現實。你開始著迷於陰溝及裡面生長的東西。

（王爾德）

於是，心智不堅的人開始沉淪。這樣的人，失去了愛自己的能力，也越來越不知道怎麼愛人。

美好與浪漫遠去，抱怨成為生活的主軸，依然渴望自己的價值由他人來定義。想到地獄不用等離開人世，如此空虛的生活便是。

# 幸福的婚姻幾乎都跟放下身段的爸爸有關係

研究上，爸爸對家庭的參與相當關鍵，一直是家庭幸福相關研究的重要指標。

談媽媽角色的文章，很榮幸得到一些爸爸們的回饋。不過，這些回饋不是太正面。

「要做就不要抱怨！」

這是最常見到的回饋重點，這也很可能是我的誤解。有些也講得很白，「誰叫你當初瞎了眼選擇了你的另一半，還能怪誰？」，或者說語氣溫和一點，也有「選你所愛，愛你所選！」

這些都是經典，這些年我也聽好多遍了，我看了心裡一陣偷笑。這些回饋，都有一個更重要的涵義，就是「不要抱怨！」，或者說「我不想聽抱怨！」而這些男性經典的回應，常常正是媽媽們抱怨的重點。兩性之間的爭戰不休，我工作了這麼多年，本質上還是沒變。

我自己曾經談過抱怨這件事，抱怨太多，確實耗時間傷心情。很多人也只是抱怨，然後多年重複抱怨，一點也不想改變。可是有些人抱怨完了，繼續熱情投入生活，抱怨也只是一種短暫宣洩情緒的過場，終點在美好的遠方。

抱怨，可能是碎碎念，或者跟指責很接近，或者根本就是指責。有些抱怨還會加上具體的行動，這讓人很有壓力。所以抱怨指涉的範圍很廣，它也許是表達一種溝通的意圖，被不想溝通的另一方歸類為抱怨。

這也牽涉到抱怨的容忍量，別以為媽媽就很喜歡聽抱怨，或者跟人抱怨，那要看要花多少時間？抱怨能讓人與人之間連結，會有同病相憐的溫暖，但是大家的家裡還有一堆事要做，誰有時間一直聽抱怨？

有些媽媽還會抱怨某一種媽媽，就是這種媽媽只想自己抱怨，但是輪到她要聽別人抱怨時，三、兩句便想把人打發，讓人很錯愕。簡單來說，自己想講，想盡情抒發心情，但是不想聽，不想當垃圾桶。

兩性之間的差異是，爸爸不想聽太多，但媽媽常常講不夠。所以媽媽想講但被打斷的時候，心中就一團怒火。

可是，男性不是沒有成長空間，女性也不都是受害者的角色扮演。其實如果細看底下留言，會發現不少媽媽，懂得藉這個機會，感謝爸爸對家庭的付出。然後有些爸爸，也會有正面的回應，甚至標註媽媽來看。

有一篇我講到媽媽的失去自我，可能連獨處都有困難。這時有位爸爸跳出來，請媽媽來看，然後有了這一段互動。

「這番話說的你應該很有感吧！」

「非常認同！所以……今年的生日禮物要送我去日本嗎？」

「留下來，或是我跟你走……」

（我有小小改編，因為沒有隱私訊息，就先摘錄了！）

齁……，這根本是撩妹，喔不，是撩「媽」金句。爸爸能有這種幽默感，這種家庭要不幸福也很困難。

（在研究上，爸爸對家庭的參與相當關鍵，一直是家庭幸福相關研究的重要指標。）

男性如果願意放下傳統「男性的尊嚴」，不把妻兒視為次一等的存在。那麼，平等善待，相互尊重，在現代社會比較有未來。

# 白癡生活法救了她一命

重新檢視「想要」，
只留「必要」。

如果生活中九成的時間都在抱怨、覺得痛苦不幸，就別期望能在剩下的一成時間裡感受到熱情。

（歐普拉．溫弗蕾）

她以前就是生活得很「用力」，個性又敏感，上一件事累積的負面情緒還沒消化掉，就趕忙投入下一件事。認真是好事，但投入精力不加節制，最後就生病了，只在負面情緒裡面打轉，像走不出大腦迷宮那般無奈。

狀態不好，要維持生產力就有困難。社會是現實的，別人給了臉色，她也自責，主動捲鋪蓋走人，雖然非常不情願。

接下來的日子，根據她的說法是，過了好長一段怨天尤人的生活，有一搭沒一搭的工作，病況起起伏伏。這種狀態，能維繫多好品質的友誼呢？曾經要好一點的朋友，都慢慢疏離了！

還不用說到別人厭惡她，她自己也厭惡自己。所以不管是誰說了什麼負面的話，她都直接往心裡送。現在回想起來，她還活在這個世界上，連她自己都不太相信。

後來的轉折點在哪裡呢？

不是什麼奇蹟發生，沒有什麼貴人相助。硬要說有貴人，那就是她自己，因為她這種生活真的過得疲累極了，她似乎只有兩種選擇：停止抱怨，接納自己軟軟爛爛的現狀，或者，直接消失在這個世界……

她最後的選擇就是，用耍廢的樣子活著，不管過去幫自己規劃了什麼樣遠大的藍圖，不理會身邊的人各種看似正向，實際上帶著期待壓力，甚至隱含著否定她現狀的鼓勵。就是以活下來為目標，行為的標準全部調降到接近現實層面，生活、人際等全都簡化，一切從簡。

重新檢視「想要」，只留「必要」。多出來的時間，就發呆。覺得悶了，就出去曬太陽、走走路，累了就睡覺。她是奉行「不要想太多」的生活哲學，不是真的有辦法什麼都不去想，念頭就是會從腦海中冒出來，那也不是她控制得了。而是不去壓住它們、不去批評它們，盡可能不去跟它們對話，只選擇少數的想法，像是「要如何活下去？」、「一天至少要準時吃飯、睡覺！」這種很基本，不需要太多思辨的想法去執行。

過去種種，都盡可能不管了，只有當下，過好當下。她把自己形容成是行屍走肉，腦袋空空。這還真難，因為她走出來之後，就很難像當初那樣做得那麼徹底了。

似乎很神奇，但其實也經歷了幾個月，她的精神活力回來了。之前持續了一、兩年的狀態，在她使用「白癡生活法」（這是她的說法）之後，就改善了。

當然，儘管她精神活力回復了，還是感覺到有一點點後遺症，不敢像以前那樣逞強了，也不再把自己往死裡逼了。這可以說是從鬼門關前走一遭了，她打算好好研究，有了這一次體驗，將來如何活得像前一段時間那樣簡單自在（因為精神活力好了，就一直有股衝動想要往前衝）。

想活著其實很簡單，是我們把生活弄複雜了。結果貪心地越弄越複雜，反而我們活著變得困難。

---

P.S. 後來她修正了她的說法，「白癡生活法」其實很接近一種懶散日的安排，就是一整天好好休息，不讓大腦勞累。哇……，誤打誤撞，竟真的有這種療癒方法。

我愛你
不光因為你的樣子
還因為
和你在一起時
我的樣子

我愛你
不光因為你為我而做的事
還因為
為了你
我能做成的事

我愛你
因為你能喚出

我最真的那部分

我愛你
因為你穿越我心靈的曠野
如同陽光穿透水晶般容易

我的傻氣
我的弱點
在你的目光裡幾乎不存在
而我心裡最幽暗的地方
卻都被你的光芒照的通亮

——羅伊・克里夫特〈愛〉

CHAPTER

3

# 關於女孩

關係就是一面鏡子，透過這面鏡子我會看到自己的真相，
但是大部分的人並不喜歡自己的真相，
於是便開始修正這面鏡子所映照出來的狀態。
努力成為什麼東西，只製造問題——不論自覺或不自覺。

——克里希那穆提

# 還有父母可以照顧，真是一種福報？

有人是披著正能量的皮，在執行負能量的動作。

她媽媽不是壞人，就是愛碎念，念到她很痛苦，覺得很煩、很浪費生命。直白溝通，媽媽又不高興；委婉暗示，媽媽也聽不懂。

真的要說有多嚴重，也沒什麼，只是媽媽一念起來，可以兩、三小時都停不下來。隔天再來一次、歸零，好像從來沒說過一樣，無限循環。

她不知道，這原來是一種失智的前兆，因為媽媽從小到大都這樣。以前還講到電話費爆表，她印象中，爸媽在她面前為此吵了幾次。

所以，當她知道媽媽有輕微失智之後，很自責，主動搬回家，工作也做了調整。只是，她回家不到一個月，領略到她媽媽的碎念功，又比以前的戰鬥力更強化了，她非常後悔。

她媽媽不斷跟她說，自己的媽媽要自己照顧，才是孝順。她媽媽是寧死也不願去安養院，不想在陌生的地方，讓陌生人「監督」。

她忍，要自己撐下去，這是她每天告訴自己的話。可是，她能夠預見的是，將來她的負擔會越來越重，這輩子都不用有自己的家庭生活了嗎？工作還能維持嗎？爸媽這輩子沒留多少錢下來，只剩一間房子，是可以貸款沒錯，但是可以撐多久呢？

真是讓人發愁，實在看不到前景，有時候又有罪惡感。安養中心、找看護，隨便一種都超過她一個月的薪水，還不包括兩個人的生活費、日常開銷……

偏偏，之前有一次連假時，某位常在 line 群組發長輩圖的親戚過來走動，問她辛不辛苦？需不需要幫忙？

她一下子情緒收不住，嘩啦嘩啦把苦水都倒出來。親戚便開始分享「正能量」，說還有父母可以照顧，是一種福報，要知福惜福。還說，本來自己的爸媽就要自己照顧，保持微笑，正向思考，很多問題自然迎刃而解……

她越聽心越沉，親戚根本沒有要幫忙的意思，反而表面上是關心，實質上是否定與批評。還都唱這些高調，廢話一堆，找錯人吐苦水，比有苦自己吞，感覺更糟。

結果，她看親戚跟她媽互動，沒講幾句，親戚就閃人了。因為她媽同一件事問了幾次，親戚可能是不耐煩了，或者覺得講這些重複的話，實在沒意義。

她這才想通，這種人就是先給人假希望，社交、社交一下，等到別人上鉤，再用「正能量」甩開人，順便否定你一下。從頭到尾，這種人就是想要用不太費力的方式，得到別人的肯定而已，遇到困難的事，跑得比誰都快。

有人是披著正能量的皮，在執行負能量的動作。這種人遇到了，社交一下就趕快打發，演戲敷衍求解脫。跟這種人互動越久，我們自己的負能量就累積越多。

P.S.

這種人其實也沒真的想要傾聽與理解，套句朋友的話，只是想要「喇賽」而已。

# 女兒不見得能接得住媽媽的寂寞，有時候是自己的想像讓自己產生了失落

媽媽感覺不被理解，很渴望有人來理解自己。這個時候，不斷想像有個貼心的女兒，是一種很自然的心理歷程。

某次，有位朋友跟我說，我不是女生，不會了解母女之間的微妙關係。但是細問下去，她感受到的母女微妙關係是什麼聯結，只能大概說出，母女之間，會特別期待獲得對方認同。

我不是女生，這是事實。因為這位朋友是女性，所以比我更了解母女互動，這大概是她心裡的話。然後，我推測，她認為她所談到的母女互動，就代表很多母女互動的樣貌，這一點不容質疑。藉著這樣的起手式開場，她可能想獲得一些安全感，或者

權威感，這是人性，知道了，給予尊重就好。

（其實，某些朋友特別無法接受這種互動方式。在聊天時，開頭就先貶低一下、否定一下、打壓一下對方，以便增加自己的氣勢。像是有些年輕人會說到，父母一講話，常會講到年輕人的人生經驗不夠，所以很多事不懂，增加自己言論中表面的正確性。）

所謂的「了解」，是有層次的，或者有不同角度。這位朋友談到的，是「當事人的了解」。因此，我不是女生，我不會是媽媽，也不會是女兒，我沒有當事人的了解。不過，如果這位朋友願意多花一些時間想，就會比較願意接受，我或許有「旁觀者的了解」。

我的工作，常會跟媽媽或女兒的角色，有比較深入的互動。我還推薦過討論母女關係的專書，至於，其他牽涉到母女關係，但不是專門討論的書，就不特別計算了。不過，這些也不是太重要的事，最重要的，還是當事人如何去理解自己的母女關係，這會比較實際。

最近跟其他朋友討論母女關係，談到一種狀況是做為一個媽媽，尤其是已經生了男孩的媽媽，可能會特別希望生一個女兒，感覺比較貼心。講好聽一點，是能互相分享心情，滿足親密的需求。講難聽一點，是能有一個就近方便的情緒垃圾桶。

有時候做一個媽媽，是很寂寞的。

不是每個媽媽都喜歡，或者都可以找朋友聊天。很多育兒家務狀況，配偶也不理解。尤其是獨自帶著孩子，常睡眠不足，孩子又不知原因地哭鬧時，很容易有一種被遺棄的感覺。情緒裡面包含著無助、氣惱，還有自我懷疑，也有可能懷著對孩子的愧疚……

媽媽感覺不被理解，很渴望有人來理解自己。這個時候，不斷想像有個貼心的女兒，是一種很自然的心理歷程。只不過，我們太常使用刻板印象在看待性別，這世界上，也有粗線條的女兒、不耐煩的女兒、不喜歡當女生的女兒、不聽話的女兒、忙碌的女兒……，如此，媽媽的想像也會落空，很多跟女兒無關的情緒，就會往女兒的身上拋去。

一個人如果要好好活著，「貼心」也是有極限。在這個社會，有一部分的「貼心」要用金錢與時間交換。

像是一位忙於工作與家庭的女性朋友，就要常接到來自老媽媽的抱怨電話。對於女兒常有的婉拒，老媽媽很生氣，理由很簡單，「因為你是女兒，當然是你要聽媽媽訴苦，要不然還有誰要聽？」

父母有時一廂情願地想像，但孩子不願意套進父母預設的框架，就變成是孩子的錯。這種互相折磨，要到什麼時候啊?!

我也遇過婆婆喜歡訴苦，但自己的兒子、女兒都不想聽，好不容易有個媳婦入門，婆婆便燃起了希望。可以想見，這個剛入門的媳婦，處境得有多尷尬、多為難，而且其他人都事不關己一樣，好像好不容易壓力有人扛了，讓這位媳婦真的生出很複雜的情緒，並在心裡不斷醞釀。

那種感覺，彷彿自己正緩慢地被吸進黑洞，雙手亂抓，只能抓到虛空一樣。

所以有些女兒，也為了無法讓自己的媽媽開心所苦，很在意無法成為媽媽心目中那種貼心的模樣。算了吧！想像了一個很理想化的目標，還要別人去達成，這似乎是一條通往地獄的路。

不如把眼光放在自己身上，各自過好彼此的生活，在自己身上找天堂。如果可以，我們給對方一雙翅膀，讓對方告訴我們，他所看到的美好風景，而不是折斷對方的翅膀，讓對方留在我們身旁。

# 自苦比狠是要給誰看

用言語裝清高很容易，
實際相處才會知道。

她的困擾是，媽媽的言語負面得很極端，從小就是這樣，聽得很厭煩。所以，有自己的家庭之後，為了保護先生、小孩，反而跟媽媽保持更遠的距離。

她媽媽自然是更不爽，講起話來就更酸，酸到她根本不想回娘家。有時候好幾個月沒見面，電話也沒打，但難免有罪惡感。

她媽媽的問題就是從嘴巴出來的話讓人受不了，像是「我是個失敗的媽媽」、「你們都看不起我」、「是不是一定要出人命才會有人在意」、「反正你們誰的話都聽，就是不聽媽媽的話」等，雖然沒有使用髒話，也不會侮辱人，偶爾會像吼叫，大致上音量不會特別大聲。但其實沒什麼大事，卻硬要用這種誇張的方式表達，壓力有點大。

好像只要狠下心來自苦，就會成功一樣！根本不是啊，反而是她媽媽越是這樣講，人生就越過越失敗啊！

她媽媽也只是嘴巴講講，實際上不會逼迫孩子。孩子講不聽，就自己一個人在那邊碎碎念，不太打孩子，只是要聽她「念經」，而且都要念到大家聽得到，整個人就很煩躁。

說實在話，她從小就不吃他媽媽那套。而且講白了，她媽媽說對了一件事：她越是講這些話，旁邊的人就越是看不起她，連她這個女兒也不例外。成長過程都是靠自己，不想跟媽媽商量，反正跟媽媽講越多，心情越不好，算了！

親戚長輩當然是道德勸說很多，什麼要做人子女要懂得體諒、想想媽媽也有優點、要知道媽媽把兒女養大也不容易……這些她都明白，可是一天就好，讓她媽媽發揮五成功力就好，讓她媽媽念這些親戚長輩一天，看誰還受得了?!

用言語裝清高很容易，實際相處才會知道。

但是讓她困擾的另一件事，是她發現自己真的受到影響了，以前覺得自己絕對不會像媽媽這樣。她媽媽是真的覺得人生很失敗，可是她的理智上知道自己是成就普通，不算成功也不能說失敗，卻在心裡底層發現，好像自己也是像媽媽一樣，是這麼想自己。

她很不能接受，特別是她開始覺察之後，那些本來屬於媽媽的話，在心裡便異常清晰起來。

其實，這並不奇怪，孩子像海綿，小時候是沒能力判斷對錯的，只能吸收身邊的聲音長大。藉著關係中的互動，慢慢形成了自己的人生核心信念，以她媽媽傳遞的信念，是「我不會成功」、「我不被尊重」、「我沒有價值」、「沒人看得起我」……

在邏輯上也很自然啊，媽媽是這麼負面，能給孩子什麼正面的互動？所以不單純是只有口頭講講而已，是孩子們長大的環境，就是這麼烏煙瘴氣。

這些核心信念根深柢固，甚至有些人一輩子搞不清楚。所以才說覺察重要，不覺察，便聽不到這些從小養成的微弱的聲音。

核心信念的作用是遇到難關之後，會用符合當時情境的方式，包裝之後表現出來。像是遇到有點難度的挑戰，就可能找一些符合核心信念的證據，重新變成念頭，「這種狀況我沒遇過，應該有困難！」原本的核心信念也許是「我不會成功」，只是透過不同事件表現出來，形成不同的念頭。

然後，如果沒有其他念頭出現，我們可能會採用心裡最大聲的念頭過生活。像是她可能就會放棄面對挑戰，找各種理由，推給別人去做，或用生氣掩飾無力感等等。

這些負面的核心信念，削減自己的能量。等於還沒往前走，就先綁住腳。

她覺察到時，覺得很尷尬，又很憤怒。已經很小心的跟媽媽保持距離了，沒想到還是被影響。講白一點，這麼多年來，一直覺得自己可以跟媽媽不一樣，最後只是表面講的話不同而已，內心深處遇事的反應，還是傳承自媽媽。

因此，才會強調原生家庭的重要，那是建立內在世界的黃金期，人生剛開始跟誰一起過，誰就是會有絕大的影響力。有覺察才有療癒，要覺察清楚，就夠痛苦了，還好她這次沒有逃，因為她想把自己現在的媽媽角色扮演好，想搞清楚自己是不是也傳遞了什麼信念給自己的孩子？

最後才知道，任何角色都要回到人的高度重新出發。**先成為健康的人，才能拿捏出健康與適合自己的角色扮演。**

如果
我是我，是因為你
而你是你，是因為我
那麼，你不是，我也不是

如果
我是我，是因為我
而你是你，是因為你
那麼，我是，你也是

——薩提爾

## 做人家女兒要懂得忍耐？

本來以為，以前吃過這種苦的人，會比較有同理心，不會讓其他人再吃這種苦……

最近聽到一個經典故事，故事情節很有我們文化的特色。

媽媽的娘家親戚辦婚禮，但媽媽跟娘家的其中一個親戚剛好有些不愉快，所以不想出席。然後，對娘家的說法是，自己生病，怕傳染給大家，但會派女兒代表參加。

問題是，媽媽沒有事先跟女兒商量，女兒那天已經有約。而且大老遠一趟回鄉下，還得一個人面對親戚長輩的各種「關心」，女兒想到就不願意。

女兒向媽媽表達想法，態度很委婉，但是單刀直入，並表示媽媽這麼做，讓她很不舒服，沒商量又被強迫。接下來，媽媽就開始她慣用的道德勸說……

「做人家女兒要懂得忍耐，以前我也是這樣啊，我媽媽叫我……，我不願意，也是要答應……」

女兒完全不吃這一套，也不認同「以前這樣，現在就要這樣」的道理。媽媽惱羞成怒，語氣更重了。

「把一個女兒養那麼大，結果這樣回報我，本來以為女兒會比較貼心，結果還不如……」

女兒沒有被說服，但故事也還沒結束，因為離婚禮那天還有一段時間。女兒心想，這陣子都不會好過了。

「做人家〇〇要懂得忍耐！」

圈圈裡面包含的角色，我聽過「媳婦」、「晚輩」、「菜鳥」、「部屬」……反正，要忍耐的，主是要權勢或輩分比較低的那方。

其實，也沒什麼道理，或者勉強有一種邏輯，是「我以前這樣，所以你現在也要這樣」。然後，名正言順地，要求對方壓抑她的情緒。

如果不順從，就會有心理上的威脅，或者實質上的損失。例如，被遷怒、被給臉色看，獎金或考績受到影響等。

至於不合理的部分，常自然而然地從談話中被忽略。剩下來要檢討的，就是權勢或輩分比較低的那方，為什麼不順從？怎麼都不懂人情世故？

本來以為，以前吃過苦的人，比較有同理心，不會讓其他人再吃這種苦。事實上，換了位置之後，大部分的狀況，常常是複製相同模式，要接下來的人繼續吃苦。

孩子耍賴，我們都知道不能寵。長輩或長官耍賴，我們就要順從。這種文化，不知道會繼續到什麼時候？

當我真正開始愛自己，
我不再犧牲自己的自由時間。
不再去勾畫什麼宏偉的明天，
今天我只做有趣和快樂的事，
做自己熱愛，讓心歡喜的事，
用我的方式，以我的韻律。
今天我明白了，這叫做
「單純」。

——查理卓別林

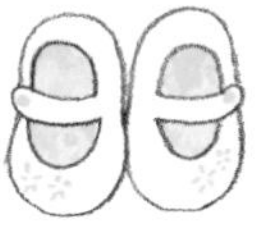

## 叛逆為什麼不早一點來

她還想要兩全其美，主張自己的界線，但又同時顧及媽媽的心情。

她媽還以為真的跟她感情很好，只是女兒一時之間不知道為什麼叛逆了。唉……，她只是遺憾，為什麼叛逆沒有來得早一點?!

最近，母女之間吵架的導火線是，她要減肥，媽媽硬要她吃下已經準備好的飯。她有先說過了，但她媽媽「忘記」了，煮了她的飯，要她別浪費，還一直說減什麼肥，這樣哪有力氣上班……

她妥協過也怕浪費，還是把飯吃了，然後再次叮嚀媽媽，她沒有要吃「飯」，只要吃菜。她媽一邊嘮叨說，這樣吃飯的人太少，不好煮，一邊又很不耐煩地答應她。

但是，她媽又煮了、她媽又忘了、她媽覺得其實吃一點點飯沒關係……，反正她媽就是有理由，重複了好幾次，就是要她吃飯。

她覺得她媽是故意的，是想在這個過程中，獲得一些掌控感、權力感。更深一層的，可能是想藉著這個機會，知道女兒還是聽話的，媽媽想要感覺自己沒有因為女兒經濟獨立了、出去見世面了而失去女兒，也還可以用這種方式跟女兒保持連結。

這其實是一種她媽媽的測試。

她媽有念她不知感恩，但她真的很想跟她媽說，那乾脆從今以後在外面吃，請不用煮她的，感謝媽媽這麼多年來照顧她，從此不用再那麼辛苦。可是，她目前還不敢，她知道這個手段對她媽的衝擊太大，她還想要兩全其美，主張自己的界線，但又同時顧及媽媽的心情。

講白一點，她已經有能力搬出去生活了，不是她要靠媽媽養，而是媽媽要靠她，將來身體的病痛還要她照顧。再難聽一點，她媽媽擔心自己是個沒有用的老人，之所以現在還繼續容忍媽媽在生活上的各種「介入」，就是希望媽媽不要這麼想，希望媽媽覺得自己還有一些價值，能開心一點。

所以她是叛逆，但是又不敢鐵了心叛逆。就是那兩全其美的顧慮啊，綁住了她的手跟腳。

她想到小時候很經典的一幕，是她媽媽跟親戚說，不管怎麼打她、罵她，她還是很貼心，還會主動跟媽媽道歉，說知道錯了，會改進。旁邊的親戚，還會異口同聲地說她怎麼這麼乖、這麼聽話，生到這種女兒，真的是所有媽媽的夢想……

她現在想起來，真的噁心死了。她完全能明白，當初為什麼她會這麼做——因為她要活下來啊，她只是個小孩，能有什麼選擇？她哪知道還有其他選擇？而且大家都說她這樣很好啊，她也只能相信，不是嗎？

所以她也忍不住討厭自己，如果自己以前不是那麼討好，讓她媽媽習慣從她身上獲得情感的滿足。會不會媽媽現在就不會把那麼多注意力放在她身上，變成她是媽媽生活的重心、精神的依靠？

會不會這一切是她自己造成的？她的罪惡感因此也很深重。

她媽媽完全誤會了，她對她媽媽的情感是懼怕居多。現在長大是沒那麼怕了，但壓力還是很大。

不是愛不愛的問題，是懼怕與壓力，蓋過了喜歡的感覺。「愛」這個字，好像是她要勉強自己相信的，她感受不到愛的感覺，她比較確定能感覺到的是她有責任照顧她媽媽，但又因此有罪惡感，「怎麼會有女兒不愛媽媽？」這種自我質疑讓她也覺得很困擾。所以，她一直要自己相信，她是愛媽媽的。

而且，在別人面前演久了，好像不繼續演母女情深，就不對了一樣。她現在才要跟她媽媽保持距離，她可以想像，大家的口徑一定一致說她不對，更何況她媽媽最會營造團體壓力了。

覺醒是痛苦的，而且很多人撐不住，又會回到原來不喜歡但又熟悉的生活。覺醒之後，常有反反覆覆的測試，所以不是痛苦一次就好，而是來來回回的。不過，每克服一次痛苦，就會多一分勇氣，因此也不是白白受苦。**知道自己為了什麼而受苦，為了找到什麼樣的生活而受苦，某種信念或意義就會越來越清楚，這本身就是禮物。**

她的這個階段，不少人走過。雖然難捱，但不是不能捱。

有人放棄了，乾脆麻痺痛苦，要自己別想那麼多，否定自己的想法。表面上暫時的痛苦好像少了，但心裡很沉重，因為壓抑與否定自己，要耗費許多能量。麻痺自己，也常有副作用，常讓自己的活力也跟著削減了。

反過來說，她的決定真的礙著了媽媽嗎？其實未必。那麼，她的生活，她自己掌控；她媽媽的生活，也靠她媽媽自己安排，這不是雙方都輕鬆自在嗎？

只是這種雙方都能解脫自在的終點，還會很遠，但能走到一半，也很值得了。用另外一種想法來說，她能走出來，她媽媽才會開始有屬於自己的生活，知道為自己生活的美好，這種互利共好的事，如果早一點發生，那不是更好?!

所以她才遺憾，自己的叛逆，為什麼不早一點來?!

我們無需害怕自己和其他人的分歧，
矛盾和問題，
因為即使星星有時也會碰在一起，
形成新的世界，
今天我明白，這就是
「生命」！

——查理卓別林

# 為自己活不必多說

反正，就是有人要使用惡言惡行，彰顯自己的重要性。

處在權力失衡的關係裡，弱勢方常常是怎麼做都不對！

當我們不被善待的時候，選擇隱忍，會被瞧不起。當我們選擇做自己，又會被打擊。

**既然怎麼做都不會有好結果，那不如勇敢做自己！**

反正，就是有人要使用惡言惡行，彰顯自己的重要性。什麼事都比不上他的心情來得重要，耍得我們一會兒東一會兒西，這樣他就有了暫時的開心，去紓解平常的空虛。

看清楚了，就知道為自己活，很多事不必多說，多說無用！

# 不孝順你並不代表不愛你

我們可以不孝順，
但又愛一個人嗎？

她自認不是孝順的孩子，尤其對她媽，媽媽的掌控欲特高，但能力又有限，理家理得一團亂。她不聽話，她媽就鬧脾氣，像小孩耍賴，不過，她已經到了可以相應不理的年紀。

只是，她常想，她媽媽把「孝順」跟「愛」畫上等號，這一點她反覆跟她媽說明。講得直直白白，如果都順著她媽，那就是為了她媽個人的面子，其他人都受罪，這怎麼會是一種愛？

（像是她媽喜歡道聽塗說亂投資，以前就賠一屁股了，現在還要親友子女借錢給她，都順她，那大家豈不是都不用活了嗎？）

她愛她媽媽，這是她自己摸索多年後，得出來的結論。愛，不見得等於喜歡，但是她同情她媽，自尊心極其脆弱，把自己搞得愁雲慘霧，實在可憐。在這麼侷限的狀態下，也是把她養大了，很不容易了。

她希望跟她媽媽有永續的關係，如果都聽她媽的，短時間內她媽會開心。長期來說，關係可能會崩解。愛一個人，自然是為了關係長久打算！

但是她媽媽，死抓著不聽話就是不愛。唉……秀才遇到兵，她媽媽就是這副模樣，多年如一日。

還好她自己爬起來了，以前會受傷，現在練到皮粗肉厚，可以對她媽冷眼旁觀。只不過，好像不是只有她媽，有些傳統長輩好像也是這種想法。

我們可以不孝順，但又愛一個人嗎？

## 有這種人在就不需要有上帝了

沒有成長的人，自己看不慣，就說別人不對，自己不喜歡，就說別人不好。

今年過年她的感想是，以後絕對不要成為她媽媽那樣的人。

這一切要從隔壁阿姨來家裡聊天說起，隔壁阿姨一來，她媽就大驚小怪，跟隔壁阿姨說，隔壁阿姨家的媳婦，讓孩子穿太少，這樣不行！

有，她自己也有看到，但也不是太誇張。日夜溫差是比較大，中午有時候感覺快三十度，差不多接近夏天，穿短袖短褲其實剛剛好，可是早上、傍晚就比較冷，她也不是不能理解她媽媽的說法。

她媽繼續拋出擔心，還要隔壁阿姨管一管。說做婆婆的人，要懂得教媳婦，有一些道理年輕人不懂，不要讓人家說，媳婦都沒在教……

她心想，哇靠！那個「人家」不就是她媽自己嗎？這是什麼年代的想法，自己都不一定管得好，還要管到別人家的媳婦。年輕人都不懂，就老人家最懂？現在想知道什麼，就可以上網google，不要說別人，就說她媽，之前還差點被詐騙集團騙咧！

倒是隔壁阿姨想法明理，說媳婦有媳婦的想法，要尊重年輕人。孩子是她的，她會好好安排，孩子也健康，這樣就好了。

哇，隔壁阿姨這樣想，真的有智慧，這種人她欣賞。證明不是老人家都一個樣，有些老人家也很開明啊，不像她媽……

她媽又開始歇斯底里了，不行啦，教媳婦就是要「壓落底」啊，要不然以後年輕人不知道要尊敬長輩。然後又開始問人家媳婦的隱私，連人家媳婦的家世她媽都要知道，哇咧，她實在覺得很丟臉，她媽就是傳說中的三姑六婆啊……

阿姨回去了，她開始跟她媽說，怕冷這件事，是訓練出來的。像是外國人就不一定要穿那麼多，她說自己有一陣子學游泳，就真的不那麼怕冷，她還要拿手機查給她媽看，她媽就拿那幾十年如一日的回應，就把她打發了。

「唉呦，不跟你說了，你不懂啦……」

哈哈，她內心苦笑，聽了這句話，她就閉嘴了。全身無力軟趴趴，倒不是生氣，而是無奈。小時候沒什麼人生經驗，她媽講這句話還有些道理，現在她都出社會了，她媽還是這句話，這麼多年都沒變。一個人沒成長，有時候想想也是可憐，她也就不再說什麼了，當成日行一善。

有這種人在就不需要有上帝了，她媽就是世界之王，天上地下唯她獨尊！沒有成長的人，自己看不慣，就說別人不對，自己不喜歡，就說別人不好。只想要別人按照自己的想法活，不願意去理解，更沒有學習，等於慢慢把自己跟別人隔離。

人家說，見不賢而內自省，只是剛好這個「不賢」，就是她媽，需要多一點心理調適。不過，她媽也不是壞人，就是長舌婦的個性，其他事情也都還過得去。

家人嘛，過得去就好，理解就好。想著改變人，就是自己痛苦而已。

重複與習慣，助長了心靈的怠惰。心靈需要衝擊才能清醒過來，我們把這種衝擊稱為「問題」。我們解決問題的依據是那些陳腐的說明、辯解、譴責，這一切又使心靈昏沉如入睡。心靈時時落入這種怠惰的形式中，正確的教育者不僅要使自己的內心終止此種怠惰，而且要幫助學生對它加以觀察。

——克里希那穆提

## 回去照顧被你忽視的內在小孩，別連他害怕都不饒過他

我常喜歡回到那安詳寧靜的家，是我長久維護的內在世界，那是我學習愛與被愛的地方。

回去，回去照顧你自己。你的身體需要你，你的感覺需要你，你的認知需要你。你心中那個受傷的小孩需要你。你的苦，你的痛，都需要你。你最深的願望，需要你去承認它。回家吧，為了所有這些。

（一行禪師）

我很少能具體清楚地談「愛自己」，真的要說，像是基本的照顧身體健康、接納

情緒、覺察與建立合適的認知……這些似乎又很容易讓讀者看過水無痕，太稀鬆平常了。

一方面是，有些大師認為，境界比較高的愛很難用文字描寫，有「道可道非常道」的意思。二方面是，我的功力太淺，只在邊邊，偶爾看到核心冒出的光，但又懷疑是自己眼睛有散光。

除了在生活中實踐價值觀之外，我一有空檔就靜心，長久練習之後，能看到更細膩深刻的自己。也常能感覺自己還有不少部分，覺知得不夠清楚。偶爾也會陷入，但也比較快能抽離。

進入自己的內在，那是很多感覺交雜的處境。有時候很迷惘，有時候很敏感，有時候會有久違的熟悉影像闖進來，有時候某些遺憾讓我無法釋懷……

不過，常有踏實感、輕鬆感。即使一個人，也很少感覺寂寞。**那真像是回家的感覺，一種永恆的歸屬，有一個不撤退的啦啦隊在支撐自己。**

別以為我描述成這樣，就好像自認我的境界很高。我很清楚知道，在某些人面前，我這是不切實際、吃飽太閒、不思進取，盡做一些沒用的事情，像在發神經。在這些人眼裡，我說不定就是天天講空話，哪有什麼境界?!

所以我也自我懷疑，如果把我的內在接上擴音器，那會是眾聲喧嘩、吵吵嚷嚷。這一段如果過了，或許是沉澱了什麼，或者只是單純地不再有力氣發出聲響，就會有我所熟悉的平靜現身。

然後，**會有一瞬間，眼裡所見，耳裡所聽，皆帶著美感**。對我來說，尤其是視覺，色彩變得更豐富，對光影變化更敏銳。目前在我身上，這種絢爛神妙的狀態只能出現短短的時間。

各位朋友，您平常會注意到，自己需要自己的陪伴，需要獨處療傷、化解鬱悶的狀況嗎？

用最簡單的說法，讓自己靜一靜，常是我找回自己使用的方式。

我們感覺被自己需要，所以我們很重要。那麼，帶著這種自重，我們不至於輕易厭棄自己。即使害怕，我們也懂得照顧它，而不是因害怕而羞愧，又因羞愧而對害怕產生敵意，掀起自己對自己綿綿不休的爭戰。

我常喜歡回到那安詳寧靜的家，是我長久維護的內在世界，那是我學習愛與被愛的地方。

**如果逃避自己，就回不了家了。**

## 有問題其實沒問題

我接受不夠完美的我自己。
我不必事事要求完美。

跟父母相聚，是啟動進入自我檢視、自我接納的好時機。尤其是過年期間，很多情緒會湧上意識層面。

這時，對情緒友善一點，有特別的好處。內心出現種種問題，但其實沒問題，只要去觀看它、理解它即可。

我很喜歡下面這一段摘錄，出自《NAMASTE 生命喜悅的祈禱‧接受自己的祈禱》（慈訊出版社），作者是沈妙瑜。祝福各位朋友，在糾結疲憊中，不忘體驗愛的存在。

我接受我還有情緒
我接受我還有憤怒
我接受我還有怨尤
我接受我還無法做到無條件接納一個人、愛一個人
我接受我還無法原諒某一個人
但是我正在努力學習愛
愛已經起步了
我努力在工作上做到最好，但我不要求十全十美
我接受不夠完美的我自己
我不必事事要求完美
我不需要做出讓別人喜歡的樣子
我不再把能量浪費在「別人會怎麼看我」

我做我自己、我接受我自己、我接受我真實的樣子
我接受我的每一個感覺，不管是好是壞
我開始學著愛我自己

從內在世界的探索和發現，跟層層的深化——不是提升，事實上就是放下，要放下一切錯誤的認同，錯誤的攀緣活動，把這些東西放下之後，我們可以回歸到每個人的本來面目，這時候我們的價值才會提升到最高，每個人的圓滿性才會充分的活出來。

——克里希那穆提

麥田航區 09

# 相信自己是夠好的媽媽

是犧牲，還是責任？是妥協，還是平衡？
放下對母愛的執著，恢復你的生命彈性，重新找回愛自己的方式

作　　　　者　洪仲清
責 任 編 輯　陳淑怡

版　　　　權　吳玲緯　蔡傳宜
行　　　　銷　艾青荷　蘇莞婷　黃俊傑
業　　　　務　李再星　陳紫晴　陳美燕　馮逸華
副 總 編 輯　林秀梅
編 輯 總 監　劉麗真
總　經　理　陳逸瑛
發　行　人　涂玉雲

出　　　　版　麥田出版
104台北市民生東路二段141號5樓
電話：(886)2-2500-7696　傳真：(886)2-2500-1967
發　　　　行　英屬蓋曼群島商家庭傳媒股份有限公司城邦分公司
104台北市民生東路二段141號11樓
書虫客服服務專線：(886)2-2500-7718、2500-7719
24小時傳真服務：(886)2-2500-1990、2500-1991
服務時間：週一至週五09:30-12:00・13:30-17:00
郵撥帳號：19863813　戶名：書虫股份有限公司
讀者服務信箱E-mail：service@readingclub.com.tw
麥田部落格：http://ryefield.pixnet.net/blog
麥田出版Facebook：https://www.facebook.com/RyeField.Cite/

香 港 發 行 所　城邦（香港）出版集團有限公司
香港灣仔駱克道193號東超商業中心1樓
電話：(852) 2508-6231　傳真：(852) 2578-9337

馬 新 發 行 所　城邦（馬新）出版集團【Cite(M) Sdn. Bhd.】
41-3, Jalan Radin Anum, Bandar Baru Sri Petaling,
57000 Kuala Lumpur, Malaysia.
電話：(603)9056-3833
傳真：(603)9057-6622
E-mail：cite@cite.com.my

印　　　　刷　沐春行銷創意有限公司
電 腦 排 版　宸遠彩藝有限公司
攝　　　　影　太陽的情書
插　　　　畫　薛慧瑩
書封設計、版面構成　謝佳穎　Rain Xie

初 版 一 刷　2019年4月27日
初 版 八 刷　2022年8月29日

定價／350元
ISBN：978-986-344-647-7

城邦讀書花園
www.cite.com.tw

國家圖書館出版品預行編目資料

相信自己是夠好的媽媽：是犧牲,還是責任?是妥協,還是平衡?
放下對母愛的執著,恢復你的生命彈性,重新找回愛自己的
方式 / 洪仲清著. -- 初版. -- 臺北市：麥田出版：家庭傳媒城
邦分公司發行, 2019.05
面； 公分. --（麥田航區；9）

ISBN 978-986-344-647-7（平裝）

1.母親 2.親職教育 3.親子關係

544.141 108004170

英屬蓋曼群島商
家庭傳媒股份有限公司城邦分公司
104 台北市民生東路二段141號5樓

請沿虛線折下裝訂，謝謝！

文學・歷史・人文・軍事・生活



RL9409　　相信自己是夠好的媽媽

# 讀者回函卡

cite城邦媒體

※為提供訂購、行銷、客戶管理或其他合於營業登記項目或章程所定業務需要之目的，家庭傳媒集團（即英屬蓋曼群島商家庭傳媒股份有限公司城邦分公司、城邦文化事業股份有限公司、書虫股份有限公司、墨刻出版股份有限公司、城邦原創股份有限公司），於本集團之營運期間及地區內，將以e-mail、傳真、電話、簡訊、郵寄或其他公告方式利用您提供之資料（資料類別：C001、C002、C003、C011等）。利用對象除本集團外，亦可能包括相關服務的協力機構。如您有依個資法第三條或其他需服務之處，得致電本公司客服中心電話請求協助。相關資料如為非必填項目，不提供亦不影響您的權益。

□ 請勾選：本人已詳閱上述注意事項，並同意麥田出版使用所填資料於限定用途。

姓名：________________ 聯絡電話：________________

聯絡地址：□□□□□________________

電子信箱：________________

身分證字號：________________（此即您的讀者編號）

生日：____年____月____日　性別：□男　□女　□其他________

職業：□軍警　□公教　□學生　□傳播業　□製造業　□金融業　□資訊業　□銷售業
□其他________________

教育程度：□碩士及以上　□大學　□專科　□高中　□國中及以下

購買方式：□書店　□郵購　□其他________________

喜歡閱讀的種類：（可複選）

□文學　□商業　□軍事　□歷史　□旅遊　□藝術　□科學　□推理　□傳記　□生活、勵志
□教育、心理　□其他________________

您從何處得知本書的消息？（可複選）

□書店　□報章雜誌　□網路　□廣播　□電視　□書訊　□親友　□其他________

本書優點：（可複選）

□內容符合期待　□文筆流暢　□具實用性　□版面、圖片、字體安排適當
□其他________________

本書缺點：（可複選）

□內容不符合期待　□文筆欠佳　□內容保守　□版面、圖片、字體安排不易閱讀　□價格偏高
□其他________________

您對我們的建議：________________

________________